Le management stratégique de l'entreprise

QUE SAIS-JE ?

Le management stratégique de l'entreprise

MICHEL GHERTMAN
Professeur associé à l'Université de Nice-Sophia-Antipolis (IAE)
Distinguished Overseas Professor, Xi'an Jiatong University, Xi'an, Chine
Professeur, HEC-Paris (1985-2003)
Consultant international

Cinquième édition mise à jour

20e mille

Cet ouvrage est dédié aux dirigeants d'entreprises qui ont confié des missions de consultant à l'auteur et lui ont ainsi permis de vérifier la pertinence des idées, concepts et outils d'analyse présentés dans cet ouvrage. Ainsi, le consultant a pu mesurer concrètement l'intérêt des méthodes de travail enseignées par le professeur.

Il est ensuite dédié à la mémoire de M. Pierre Liotard-Vogt, président du groupe Nestlé jusqu'en 1982, qui a permis à l'auteur – en lui confiant la direction de l'Institut de recherche et d'information sur les multinationales (IRM) – d'acquérir l'expérience d'un dirigeant d'entreprise qui construit et mène à terme sa stratégie dans l'action en rassemblant et en animant une équipe de professionnels de haut niveau.

Il est enfin dédié aux collègues et étudiants des Universités où l'auteur a enseigné : University of California, Berkeley ; UCLA ; HEC-Lausanne et HEC-Paris ; École polytechnique fédérale de Lausanne ; IAE d'Aix-en-Provence ; avec une mention spéciale pour les étudiants des Universités de Nice-Sophia-Antipolis, France et Xi'an Jiaotong, Chine où il professe à la date de la réédition de ce « Que sais-je ? ».

L'auteur remercie ses collègues Georges Blanc (HEC), Dominique Héaud (INSEAD) et Liliane Soussan (Éducation nationale) qui ont bien voulu lire et commenter une première version de cet ouvrage. Leurs critiques et suggestions ont permis d'améliorer un « Que sais-je ? » qui reste – comme le veut la formule consacrée – sous la seule responsabilité de l'auteur.

ISBN 2 13 054753 2

Dépôt légal — 1re édition : 1989
Réimpression de la 5e édition : 2006, septembre

INTRODUCTION

Le management stratégique de l'entreprise, ou MSE, est d'abord une pratique : celle de la direction générale d'une firme, quelle que soit sa taille ou sa nationalité d'origine, ou de l'une de ses composantes : division, filiale, produit, projet ou centre de moyens ou de compétences. Cette pratique tient plus d'un art de l'action influençant ses acteurs internes et externes, qu'à la mise en œuvre de préceptes scientifiques détaillés. Le MSE est en même temps une discipline académique essentielle pour la formation des étudiants en gestion. C'est la seule à vocation généraliste permettant d'intégrer les approches fonctionnelles comme comptabilité, finance, marketing, ressources humaines, production et logistique. Elle concerne la direction de la totalité de l'entreprise au sein de son environnement concurrentiel. Le MSE se compose d'une partie descriptive et d'une normative. C'est cette dernière qui aide les dirigeants à mieux piloter leurs firmes ainsi que les cabinets de conseil en stratégie à préparer leurs recommandations avec méthode et rigueur. Les composantes du MSE sont : d'abord les domaines d'activité, ensuite les ressources et capacités dynamiques, y compris leur mode d'organisation et de changement et le système d'incitations, enfin les frontières entre les activités et processus intérieurs à la firme et ceux réalisés par la sous-traitance ou avec des alliances.

Le MSE permet à l'entrepreneur d'exercer sa liberté d'une manière plus efficace qu'avec sa seule intuition pour les transactions, ou échanges économiques, externes ou internes à sa firme. Cette liberté s'exerce dans le cadre de règles du jeu qui lui servent de système d'incitation. North[1] les appelle « institutions de l'environnement » de l'économie. Elles sont constituées par un échafaudage d'institutions informelles et formelles, provenant des traditions culturelles et politiques particulières à chaque pays et susceptibles de varier avec le temps. Lorsque l'échafaudage incite les entrepreneurs à accroître le volume de leurs transactions, ils augmentent le montant de leurs investissements et engendrent la croissance. Lorsque l'échafaudage est dissuasif, il produit une politique de sous-développement. Comme ces règles varient d'un pays à l'autre, le stratège se doit de les connaître avant de commencer un jeu susceptible d'engendrer profits ou... pertes, financières et/ou symboliques.

En utilisant les exemples contrastés des États-Unis et de la Chine, nous allons analyser dans la première partie de cette introduction le fonctionnement de ces institutions et leurs changements. Dans sa seconde partie, nous examinerons le rôle de la globalisation et les contours du management moderne avant de présenter le plan de ce « Que sais-je ? ».

Les institutions informelles d'un pays ou d'une région du monde sont constituées par sa culture, ses va-

1. D. North, *Institutions, Institutional Change and Economic Performance,* New York, Cambridge University Press, 1990.

leurs et ses normes de comportement. Elles ne sont pas forcément sans ambiguïté et laissent une place aux stratégies individuelles. Elles changent très lentement, souvent en plus d'un siècle, et d'une façon indépendante du politique. Les institutions formelles concernent le système politique, administratif, légal, social et éducatif. Elles proviennent de décisions du politique et prennent une ou plusieurs décennies pour changer.

La valeur principale des États-Unis est le darwinisme social : ce sont les personnalités les plus fortes ou les plus talentueuses qui réussissent, quelle que soit leur origine sociale. Inversement, si quelqu'un est pauvre ou au chômage, c'est de sa faute et non celle de la société. Elle n'a donc aucune obligation à son égard, ce qui explique la quasi-inexistence d'institutions formelles de protection sociale comme la retraite ou l'assurance maladie ou chômage, comme elles existent dans les pays européens. Aux États-Unis, c'est à chacun de contracter des assurances individuelles lorsqu'il perçoit des revenus. Ces valeurs ont été construites au XIXe siècle avec l'arrivée massive d'immigrés européens, chassés par les guerres et la misère et attirés par le rêve américain : tout le monde peut devenir riche sans privilège de naissance ou d'éducation. La concurrence entre entreprises était du même type : les plus compétentes ou les plus rusées éliminaient les autres ou s'entendaient entre elles pour établir un pouvoir de monopole ou des ententes, éliminant ou taxant les plus faibles et empêchant l'entrée de nouvelles venues. Cette période de l'économie américaine illustre bien que la libre concurrence entre les entreprises, lorsqu'elle est à la fois en situation de darwinisme social et n'est pas encadrée par des institutions formelles chargées de la maintenir, aboutit à sa transformation en ententes ou monopoles qui suppriment toute concurrence. La politique de laisser faire des tribunaux américains n'y faisait pas obstacle.

À cette époque, la croissance des prix entraîna une forte réaction politique des agriculteurs, alors majoritaires dans le pays, ainsi que des commerçants et ouvriers pour le démantèlement de ces monopoles. Les politiques élus en épousant leur point de vue, votèrent pour créer les institutions formelles qui servent de base à la politique concurrentielle des États-Unis : les lois « Sherman » en 1890 et « Clayton » en 1914. C'est bien le politique qui a changé une partie des règles du jeu. Les institutions formelles prirent ainsi une part relative plus importante que les institutions informelles au sein de l'échafaudage des institutions de l'économie américaine pour le maintien de la concurrence. C'est encore plus le cas au début du XXIe siècle : les tribunaux jouent un rôle prépondérant pour le maintien des droits de propriété – y compris ceux des actionnaires en interprétant la loi Sarbanes-Oxley de 2002 – et d'un niveau réel de concurrence. Dans la dernière décennie du XXe siècle, le président Clinton a subi un échec notoire lorsqu'il a essayé de faire adopter par le Congrès américain une loi qui freine les effets parfois brutaux du darwinisme social sur les laissés-pour-compte. C'est qu'il cherchait à importer des institutions formelles d'inspiration européenne, contraires aux valeurs américaines. Seules les organisations religieuses et quelques rares États cherchent l'atténuation des effets individuels de la violence sociale qui y règne.

Depuis les révolutions américaines et françaises de la fin du XVIIIe siècle, les droits individuels des hommes – puis des femmes – ont remplacé les privilèges du sang comme fondements légitimes des relations interpersonnelles dans les pays occidentaux. Par contre, dans la plupart des pays asiatiques les obligations de l'individu à l'égard du groupe (pays, famille, clan) sont plus importantes que les droits individuels. Parmi ces valeurs, Yang[1] a montré que le Guanxi est l'institution informelle la plus importante en Chine, pour les relations sociales ou d'affaires. Un cadeau, une faveur ou une aide reçue et acceptée crée chez son bénéficiaire un sentiment d'obligation à l'égard du donateur. Ce sentiment est imprécis quant à la date ou le montant du « retour ». Cette réciprocité des dons s'applique à la construction de rapports de confiance pour des transactions commerciales avec des montants croissants. Ils se transmettent aux réseaux de Guanxi de chacun des donateurs pour établir des relations de bonne volonté et de générosité entre ses membres. La réciprocité est renforcée par des effets de réputation positifs au fur et à mesure des transactions et interrompue en cas de manquement à la norme. La loyauté aux membres du réseau passe avant celle requise d'une autorité centrale, comme l'administration de l'État, de

1. M. M. Yang, *Gifts, Favors and Banquets : The Art of Social Relationships in China,* New York, Cornell University Press, 1994.

l'entreprise ou des marchés financiers. Asymétries et fuites d'informations confidentielles peuvent en résulter. Les réseaux de Guanxi sont utiles à des échanges dans des activités différentes. Un importateur chinois d'appareils médicaux changeant son fournisseur américain pour un allemand entraînera probablement avec lui la plus grande partie de ses clients. La taille de ces réseaux a ses limites naturelles. Les incertitudes grandissent sur leur pourtour, avec les tricheries dues à l'opportunisme des hommes d'affaires. Elles créent un obstacle à l'augmentation du nombre des transactions et donc à la croissance économique.

À l'Ouest la signature de contrats, dont l'application peut être ordonnée par des tribunaux indépendants et non corrompus en cas de litige, crée des engagements mutuels crédibles qui atténuent les effets de l'opportunisme. Bien que la Chine ait construit un droit commercial et un corps de magistrats, le Guanxi y reste plus fort que le droit. Un dirigeant d'entreprise ayant un réseau de Guanxi plus puissant, et celui avec lequel il est en litige, peuvent prévoir le sens de l'ordonnance du tribunal à l'avance. Cela dissuade le moins bien loti de se pourvoir devant le tribunal et incite les parties à trouver un accord par elles-mêmes. Devant la faible performance des institutions formelles importées de l'Ouest, et pour soutenir la croissance des transactions, un nouveau type d'institution formelle a été créé en Chine : les plates-formes d'échanges. Il s'agit d'une entreprise de droit privé qui prend en dépôt des marchandises pendant deux mois et les revend à leur prix d'achat au fournisseur. Comme la plate-forme réalise ses ventes en moyenne au bout d'un mois et demi, elle fait un bénéfice de trésorerie d'un demi-mois sur ses encours, d'une manière analogue au fonds de roulement négatif des grandes chaînes de distribution. Les paiements sont garantis par une grande banque d'État chinoise. En cas de non-vente, le fournisseur reprend sa marchandise. Cette intermédiation mixte, privée adossée au public, crée des engagements crédibles, ne requiert pas de puissants réseaux de Guanxi, ni de contrat détaillé et de tribunal de recours. Il diminue les incertitudes des transactions, obstacles à leur croissance.

Institutions informelles et formelles américaines et chinoises diffèrent donc nettement : darwinisme social, et tribunaux et lois pour les premiers, Guanxi et plates-formes d'échanges pour les seconds. Mais les échafaudages tiennent bien en place d'un côté comme de l'autre et la croissance est présente. Exporter une partie des institutions chinoises aux États-Unis déséquilibrerait probablement l'échafaudage institutionnel américain et inversement pour les institutions américaines en Chine. Le politique et la société civile le refuseraient dans les deux cas. À juste titre puisque cela aboutirait à des catastrophes économiques, sociales et culturelles. Ceux qui prônent l'exportation au monde entier de leurs institutions ne rendraient pas service à leurs voisins s'ils suivaient ces conseils erronés. Chaque échafaudage correspond à une situation particulière. Aucune ne peut donc prétendre à l'universalisme sans se rendre illégitime.

Les entreprises multinationales, ou EMN, exercent leurs activités dans un grand nombre de pays de façon transversale. Elles s'adaptent à la fois aux institutions locales tout en recherchant une similitude de leurs stratégies au niveau international, dans la mesure du possible. Comme cela l'est rarement, la localisation côtoie la standardisation.

Au début de la multinationalisation des entreprises, à la fin du XIXe siècle, les maisons mères avaient leur siège dans les pays industrialisés d'Europe : Grande-Bretagne, France, Allemagne. Leurs investissements étaient principalement dirigés vers le secteur des matières premières dans les pays en voie de développement.

Les profonds bouleversements provoqués par les deux guerres mondiales[1] ont amené les multinationales d'origine américaine à détenir plus de la moitié du stock d'investissements à l'étranger à la fin des années 1960, essentiellement les produits manufacturés sur le continent européen.

Vingt ans plus tard le paysage est à nouveau transformé. La vague d'investissements allemands, suisses, japonais, hollandais et dans une moindre mesure britanniques et français aux États-Unis a rééquilibré la part relative des multinationales américaines et des autres, en provenance des pays européens et du Japon. C'est pourquoi on parle de multinationalisation croisée. Dans un secteur chaque multinationale a des

1. M. Ghertman, *Les multinationales*, Paris, PUF, « Que sais-je ? », n° 2068, p. 9-35.

filiales dans le pays d'origine de ses principaux concurrents mondiaux et *vice versa.*

À la fin du XXe siècle, la Chine est devenue le premier pays pour l'accueil des investissements provenant des EMN. Elles y sont attirées à long terme par les perspectives de croissance de la clientèle du pays le plus peuplé du monde et à court terme par une main-d'œuvre de qualité, à faible coût et sans conflits sociaux pour les exportations vers les pays occidentaux. Les EMN chinoises commencent à investir depuis peu hors de Chine, mais d'une manière accélérée. L'Inde participe également de la multinationalisation croisée, surtout dans le domaine des services informatiques, mais à un rythme moins rapide que la Chine.

Les multinationales sont un très puissant accélérateur de l'activité économique parce qu'elles transportent les effets de la concurrence à l'échelle mondiale. Les entreprises qui somnolaient à l'ombre des frontières nationales sont obligées de se réveiller... ou de vendre leur lit à un concurrent mieux armé. C'est l'une des dimensions de ce que l'on appelle la « globalisation ».

Elle ne se fait pas sentir uniquement au niveau de l'économie et de la stratégie des entreprises. Elle est également culturelle. La diffusion mondiale des jeans et de la musique rock, la coiffure française au Japon, les hamburgers en Europe, les gentils organisateurs (GO) du Club Méditerranée pour leurs clientèles allemande ou nord-américaine, les cartes de crédit, les bandes dessinées japonaises pour enfants du monde entier sont autant d'exemples d'une mondialisation des goûts accélérée par l'action des multinationales. Les cultures nationales n'en gardent pas moins leurs espaces spécifiques comme le montrent les programmes d'histoire et d'instruction civique, les émissions de variétés télévisées et les habitudes folkloriques régionales.

Dans l'univers de croissance stable et prévisible des vingt-cinq années qui ont suivi la fin de la Deuxième Guerre mondiale, les principales décisions consistaient à faire des choix judicieux d'investissements productifs pour épouser les hausses de la courbe de demande. Ces choix pouvaient très bien être réalisés par la direction générale de l'entreprise d'une façon centralisée, souvent avec l'aide d'un service de la planification. Par contre, depuis la fin des années 1960 et encore plus depuis celle des années 1970, les incertitudes sont de plus en plus nombreuses.

Croissance imprévisible et à vitesses différentes selon les secteurs, accroissement de la concurrence internationale, déréglementation et décloisonnement des marchés publics, atermoiements sur l'avenir de l'Europe, nouvelles technologies et terrorisme international, telles sont les six incertitudes principales de l'environnement des dirigeants d'entreprises aujourd'hui. D'autres incertitudes viendront probablement s'y ajouter dans l'avenir.

Avec toutes ces incertitudes, la direction générale est étroitement dépendante de ses unités opérationnelles dans deux domaines. D'abord, elle en a besoin pour être informée, de façon quantitative et surtout qualitative, sur les perspectives concurrentielles pour les décisions concernées; sans ses directeurs de filiales, de division ou de branche, la direction générale n'a pas les moyens d'allouer les ressources du groupe en minimisant les risques d'échecs. Ensuite, elle dépend de ses directeurs opérationnels pour réagir de façon adéquate en cas de réaction imprévue des clients, des concurrents, des syndicats ou des autorités locales; sans leur savoir-faire, aucune flexibilité n'est possible. Le groupe doit non seulement faire participer les directeurs des unités qui le composent aux décisions stratégiques les concernant, il se doit de leur donner suffisamment d'autonomie pour qu'ils dirigent leurs actions avec l'enthousiasme et la mobilisation qu'ils auraient s'il s'agissait de leur propre entreprise.

L'attitude des jeunes à l'égard du travail n'est plus du tout semblable à celle de leurs aînés, il y a un demi-siècle. Les chefs d'entreprise n'ont plus affaire à de jeunes paysans ou de jeunes ouvriers peu éduqués, mais à des enfants de cadres et d'employés ayant une éducation souvent supérieure. Leurs attentes et leur attitude face au travail sont tout à fait différentes. Ils n'obéissent plus aux ordres pour effectuer des tâches simples et répétitives. Ils ont besoin d'effectuer des travaux intéressants faisant appel à leur libre arbitre.

C'est pourquoi le management moderne veut que les employés, et encore plus les managers, soient considérés comme des actifs humains. Il faut les motiver dans leur travail si le chef d'entreprise veut réussir à les mobiliser au profit de la réussite de sa firme. En conséquence les styles de direction ont profondément changé depuis une dizaine d'années.

L'ère des ingénieurs mesurant et divisant les tâches des ouvriers et des employés est terminée. Le taylorisme, credo de cette époque révolue, doit être considéré comme un profond handicap concurrentiel.

Fluidité de la circulation des informations et de la communication interne, autonomie et responsabilisation, travail en équipe, contribution aux objectifs de l'entreprise à égalité avec ceux du service, département ou projet, font partie des éléments constitutifs du Management moderne.

Cet ouvrage est présenté en deux chapitres. Le premier traite de la démarche de l'analyse stratégique et de l'identité de l'entreprise, le second examine les structures et les processus de prise de décision qui doivent être cohérents avec la stratégie et l'identité pour que les dirigeants maintiennent ou améliorent la position concurrentielle de leur firme.

Chapitre I

STRATÉGIE ET IDENTITÉ DE L'ENTREPRISE

La politique générale, appelée également « management stratégique », est la discipline qui étudie l'art de la direction générale et lui apporte les outils d'analyse qui permettent d'améliorer les performances des dirigeants. Le management stratégique devient ainsi le langage partagé par tous ceux qui ont un impact sur la stratégie : dirigeants opérationnels mais également chargés d'études et consultants en stratégie et planification. Les étudiants en gestion doivent aussi connaître ce langage et ces outils. Ils peuvent également être utiles aux étudiants en économie.

La démarche stratégique qui va être présentée dans ce chapitre et le suivant, a été conçue par l'équipe de professeurs-consultants du département stratégie et politique d'entreprise d'HEC-Paris[1]. C'est une approche nouvelle à la fois plus globale et plus performante que celles existant jusqu'à maintenant. Elle saisit le management stratégique sous la forme d'un tétraèdre composé de quatre faces : l'analyse stratégique, l'identité, les structures et la décision.

1. Sa formulation dans cet ouvrage est faite sous la seule responsabilité de l'auteur.

Lorsqu'un problème se pose à une entreprise, il semble généralement concerner une seule face. Cette démarche recommande de toujours regarder la relation avec les trois autres faces du tétraèdre pour s'assurer que tous les problèmes sont bien pris en compte dans leur dynamique et leur complexité. Lorsque Novotel et Jacques Borel International ont fusionné pour créer le groupe Accor, le problème se posait en termes d'identité et de structure à mettre en œuvre pour la fusion. L'analyse stratégique a permis de remettre en cause les objectifs du cahier des charges, de mieux définir la stratégie, et de créer une structure plus performante. De même, toute question de stratégie devra traiter des implications concernant la structure, l'identité et la décision.

Dans ce chapitre, nous exposerons successivement la démarche de l'analyse stratégique et la face identité. Puisque la première comporte la plus grande partie du savoir formalisé du management stratégique, nous lui accorderons plus de place. Dans le chapitre suivant, nous examinerons les deux autres faces du tétraèdre : la structure et la décision.

I. – La démarche de l'analyse stratégique

Cette démarche est exposée ici en six points successifs. Dans la réalité du travail d'analyse, la démarche n'est pas linéaire : les retours en arrière sont fréquents. Qui, de l'étudiant rédigeant sa copie d'examen ou *a fortiori* du manager préparant un dossier, n'a pas eu l'expérience de cette démarche itérative ?

Les six étapes de la démarche sont les suivantes : analyse concurrentielle, stratégies génériques, domaines d'activité et métiers, segmentation stratégique, matrices de portefeuille, et voies de développement.

1. **Analyse concurrentielle.** – L'entreprise exerce son activité dans un ou plusieurs secteurs industriels au sein desquels la concurrence est plus ou moins forte. Nous faisons l'hypothèse de l'existence de cette concurrence dans l'analyse qui suit. Lorsque la compétition avec d'autres firmes est moins forte ou inexistante, l'analyse s'applique également mais d'une façon simplifiée. Les liens avec les fournisseurs et les clients sont privilégiés. On parlera alors de stratégies relationnelles.

L'analyse concurrentielle a deux objets : d'abord déterminer l'attrait du secteur, mesuré en rentabilité moyenne du capital investi et ensuite les facteurs clés de succès que toute entreprise doit connaître et maîtriser si elle veut y survivre. Le tableau 1 ci-après donne une représentation graphique des cinq forces qui permettent de comprendre le jeu concurrentiel et sa dynamique.

A) *La rivalité entre les concurrents existants.* – Il faut d'abord analyser l'intensité de la rivalité entre les concurrents actuels : concurrence de bon aloi ou au contraire, combat au couteau. Lorsque peu de concurrents sont présents dans le secteur, surtout lorsque l'un d'entre eux est un leader stable et reconnu par les autres, la rentabilité du secteur est le plus souvent très forte. Personne n'ose remettre en cause la place du

Tableau 1. – **Les cinq forces du jeu concurrentiel**

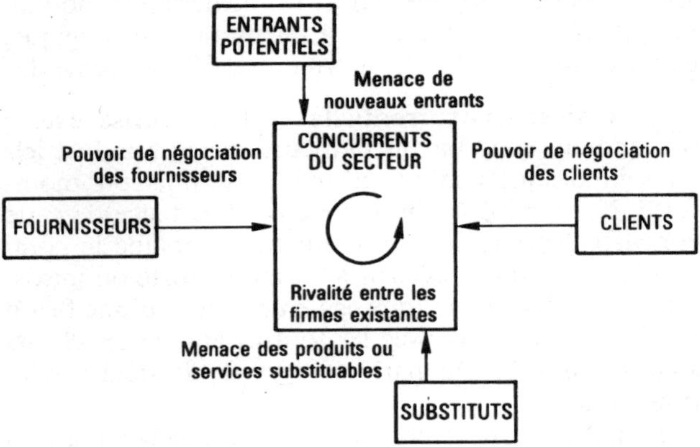

Source : M. Porter, *Choix stratégiques et concurrence,* Paris, Economica, 1982, p. 4.

leader car ses moyens de défense sont perçus comme plus puissants que ceux que les suiveurs peuvent mobiliser. Le leader, tel Coca-Cola dans les boissons gazeuses, ou IBM dans l'informatique lourde, se sent une responsabilité par rapport au secteur : il maintient des prix élevés, ce qui permet au concurrent marginal de gagner sa vie et au leader d'avoir un très fort niveau de rentabilité.

Dans les secteurs nouveaux ou fragmentés, c'est-à-dire avec un grand nombre de concurrents de petite taille, la rentabilité est le plus souvent moyenne ou faible et le risque concurrentiel est élevé. En effet, chaque petit concurrent a le sentiment que, quoi qu'il fasse, son action ne sera pas remarquée par les autres, et qu'il pourra même doubler sa part de marché (de 0,5 à 1 % par exemple) sans réaction des autres. Or il y a toujours un concurrent proche qui remarque cette action puisqu'elle remet en cause son existence. La lutte s'engage alors, sous forme de campagne publicitaire ou de baisse de prix. Cette concurrence s'étend au reste du secteur, au bénéfice des clients, mais évidemment au détriment de la rentabilité des concurrents existants. Il faut donc un certain temps pour que les concurrents marginaux soient éliminés et que la stabilité revienne avec éventuellement, une amélioration de la rentabilité moyenne du secteur.

B) *La menace d'entrants potentiels.* – Un premier type d'entrants potentiels provient des entreprises existantes. Dans les secteurs à haute technologie et/ou à forte valeur ajoutée, en particulier dans les services, les ressources principales sont constituées par le savoir-faire des ingénieurs ou des spécialistes financiers. Il leur est souvent possible de quitter leur employeur pour créer leur propre entreprise, ce qui accroît le nombre de concurrents. La micro-informatique, les sociétés de service informatique, les services financiers et les consultants, constituent des exemples de ce genre de développement.

Un deuxième type d'entrants potentiels est constitué par des entreprises actives dans des secteurs voisins, qui maîtrisent déjà des savoir-faire communs avec le secteur dans lequel elles veulent entrer. Elles peuvent ainsi partager leurs coûts entre leur ancien secteur et le nouveau. Cette base d'expérience commune appliquée à un autre secteur est très typique de l'entrée de Bic dans les briquets et les rasoirs jetables. Cette entreprise maîtrisait les deux facteurs clés de succès essentiels dans cette activité : la technologie du plastique injecté et une force de vendeurs très bien adaptée à la distribution en grande surface et dans les bureaux de tabac. Entre le stylo bille, les briquets et les rasoirs jetables, il n'y a pas vraiment de différence. La technologie et la distribution sont presque exactement les mêmes. Bic a pu ainsi concurrencer Gillette sur les briquets et les rasoirs, et inversement Gillette est venu concurrencer Bic sur les stylos billes.

C) *Le rapport de force avec les clients et les fournisseurs.* – Toute entreprise a des fournisseurs et des clients. La succession des transactions entre les fournisseurs les plus en amont de l'activité - matières premières par exemple – et ceux qui sont le plus en aval : le client final, donne le détail des éléments de la filière au sein d'un secteur. Si le pouvoir de négociation des fournisseurs sur le reste de la filière est très élevé, ils pourront concentrer à leur profit la plus grande partie de la rentabilité du secteur. Inversement si les clients ont le meilleur pouvoir de négociation, ce sont eux qui s'approprieront l'essentiel de la rentabilité.

C'est le cas de la grande distribution qui voit les supermarchés améliorer leur pouvoir de négociation au détriment des grands groupes alimentaires qui ressentent une position de faiblesse croissante. La capacité de riposte des concurrents qui forment le cœur du secteur par rapport à leurs fournisseurs et à leurs clients dépend de leur facilité à s'intégrer en amont et en aval. C'est ainsi qu'aux États-Unis les grands groupes de l'automobile ont intégré une très grande partie de la fabrication des équipements automobiles ; alors qu'en Europe les équipementiers tels Bosch, Lucas, ou Valéo représentent 60 % de la valeur ajoutée du secteur automobile, aux États-Unis, ils n'en représentent que 40 %. Si les clients et les fournisseurs ressentent que les concurrents formant le cœur du secteur ont une très forte capacité à s'intégrer en amont ou en aval, leur pouvoir de négociation en sera diminué d'autant et l'essentiel de la rentabilité se localisera alors parmi les concurrents actuels.

D) *La menace des produits de substitution.* – Les produits ou services de substitution constituent une menace pour les concurrents au sein d'un secteur. C'est ainsi que le collage, à chaud ou à froid, constitue une menace majeure pour les industriels du soudage. Ces derniers ont vu leur activité diminuer d'une façon drastique au bénéfice des chimistes qui sont en passe de prendre l'essentiel de cette activité. Les produits de substitution sont d'autant plus menaçants qu'ils offrent un rapport qualité de service/prix favorables.

Ce sont les développements des nouvelles technologies qui amènent les menaces les plus sérieuses. Dans le secteur du gardiennage par exemple, les améliorations de la surveillance électronique ont considérablement diminué le rôle des vigiles. Les entreprises de gardiennage s'y sont bien adaptées puisqu'elles offrent à leurs clients des services utilisant les deux technologies : électronique et personnel. Lorsque l'on balaie l'univers des secteurs pouvant constituer des services de substitution, il est nécessaire de faire jouer son imagination de la façon la plus large possible.

L'analyse concurrentielle permet donc de mesurer l'attrait moyen du secteur et d'isoler les principaux facteurs clés de succès, véritables variables stratégiques que l'entreprise se doit de maîtriser pour assurer son avenir.

2. **Les stratégies génériques.** – Définir une stratégie générique, c'est-à-dire un type de stratégie pour l'ensemble des activités d'un groupe, et réussir à la mener à bien, c'est se donner le moyen d'atteindre un niveau de rentabilité supérieur à la moyenne du secteur. L'entreprise qui poursuit une stratégie générique sans la réussir, aura une rentabilité inférieure à celle du secteur.

Il existe deux stratégies génériques principales : la stratégie de coût et la stratégie de différenciation. Avoir des coûts plus bas que ceux de ses concurrents procure un avantage concurrentiel. Il faut alors concentrer ses efforts sur les coûts partagés pour décliner le nombre maximum de produits ou de services sur la base de composants (en informatique par exemple) sur lesquels l'entreprise est capable de produire à moindre coût. L'avantage concurrentiel nécessaire pour réussir une stratégie de différenciation est d'offrir aux clients un produit ou un service qu'ils percevront comme unique et pour lequel ils voudront bien payer un prix supérieur à celui du marché. Pour réussir, il faudra approfondir la spécificité de l'offre, et creuser la différence sur les coûts spécifiques. Volvo par exemple, a construit son image de sécurité sur la base de coûts d'amortissement des chocs que n'offraient pas ses concurrents. Tout nouvel entrant dans ce domaine devrait faire la même démarche que Volvo. Mais ce dernier a un avantage puisqu'il sait déjà remplir ce service auprès de sa clientèle à un coût bien moindre que celui existant lorsqu'il a débuté cette stratégie.

Le tableau 2 ci-après donne une représentation graphique de ces stratégies génériques.

Tableau 2. – **Les stratégies génériques**[1]

		AVANTAGE CONCURRENTIEL	
		Coûts moins élevés	Différenciation
CHAMP CONCURRENTIEL	Cible large	**1. Domination par les coûts**	**2. Différenciation**
	Cible étroite	**3A. Concentration fondée sur des coûts réduits**	**3B. Concentration fondée sur la différenciation**

1. M. Porter, *L'avantage concurrentiel,* Paris, InterÉditions, 1985, p. 24.

La source de l'avantage concurrentiel consiste soit en un faible coût, soit en la différenciation. L'étendue du champ concurrentiel peut être large ou étroit. Si l'étendue du champ concurrentiel est large, c'est-à-dire s'il s'applique à tous les secteurs, avec toutes les technologies disponibles, dans toutes les zones géographiques du monde, sur tous les types de clientèles cibles, les deux stratégies seront le volume et la différenciation. Un exemple de la première stratégie existe dans l'industrie de la moto, avec les constructeurs japonais qui ont réussi à éliminer les britanniques. Ces derniers dominaient un marché artisanal il y a une trentaine d'années. Les Japonais ont baissé les coûts grâce à une production en grande série avec des modèles conçus pour le monde entier. Les Britanniques avec une vue plus insulaire sont devenus, très vite, marginaux. IBM, présente sur la presque totalité de la gamme des ordinateurs, s'est différenciée depuis longtemps, par la qualité de ses produits et de leurs applications ainsi que par l'image de fiabilité qu'elle a réussi à faire partager par ses clients.

Si l'étendue du champ concurrentiel est limitée, certaines entreprises sont capables de battre le concurrent principal en se spécialisant sur une partie étroite de la clientèle, de la gamme ou des pays d'implantation, en y obtenant des coûts inférieurs à ceux du leader ou en se différenciant encore plus.

Les stratégies génériques de l'entreprise et de ses concurrents permettent de dresser une topographie concurrentielle. En retraçant les stratégies génériques des concurrents du secteur dans le passé, en les photographiant dans le présent, et en recherchant une représentation dans le futur, on débouche sur une vue plus fine de la concurrence dans le secteur. L'analyse concurrentielle aura déterminé l'attrait du secteur et fait ressortir ses facteurs clés de succès, les stratégies génériques apportent une vue globale des stratégies des concurrents principaux du secteur.

Les stratégies génériques définies par Porter ont été conçues selon les mêmes principes que les « univers concurrentiels » du cabinet McKinsey ou le modèle le plus récent du cabinet BCG, appelés BCG II : deux dimensions permettent de construire une matrice à quatre cases pour classer les stratégies des concurrents[1]. Les axes de ces autres matrices ne sont pas fondamentalement différents de ceux de Porter.

A) *Stratégies de coût/volume et courbe d'expérience.* La stratégie de volume n'est efficace que si le volume confère réellement un avantage. Celui qui a réussi à acquérir la plus forte part de marché et à la défendre réussira ainsi à accumuler l'expérience de la production de volume plus rapidement que ses concurrents. Il possédera alors un avantage concurrentiel déterminant. Cette expérience sur les coûts est mesurable de façon empirique. Elle permet de construire la courbe d'expérience. Le tableau 3 ci-après donne un exemple de l'importance de la courbe expérience, élément de mesure central de toute stratégie de coût/volume.

1. Pour plus de détails, on peut consulter Strategor, *op. cit.*, p. 41-49 et 87-102.

Lorsqu'une entreprise double sa production cumulée, elle sait que son coût unitaire moyen va diminuer d'un pourcentage fixe. Une courbe d'expérience à 88 % par exemple, permet de prévoir qu'à chaque doublement de la production cumulée dans le temps – et non pas chaque année – l'entreprise verra ses coûts unitaires baisser de 12 %. L'établissement de cette relation est très utile, pour prévoir les coûts dans l'avenir et donc les politiques de prix que l'entreprise pourra suivre. Si elle est leader, elle peut ainsi soit les répercuter sur ses prix en les baissant en prévision des baisses de coûts et donc accroître sa part de marché si les concurrents ne font pas la même chose, soit accu-

Tableau 3. – **Courbe d'expérience et marges comparées**

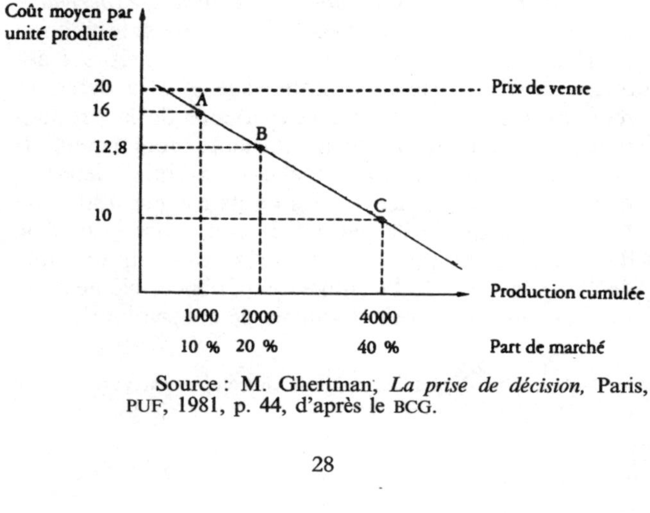

Source : M. Ghertman, *La prise de décision,* Paris, PUF, 1981, p. 44, d'après le BCG.

muler de forts bénéfices avant que les concurrents ne baissent leurs prix. Un suiveur pourra également essayer de suivre cette politique pour rattraper ou même doubler un leader si celui-ci ne réagit pas en temps voulu.

La courbe d'expérience permet également de déterminer sa marge comparée à celle de ses concurrents comme l'illustre le tableau 3. Le concurrent C ayant accumulé une production de 4 000 unités en est arrivé à un coût unitaire de 10. Si le prix de vente qu'il fixe en général lui-même puisqu'il est le leader, est de 20, sa marge est de 10. Le concurrent B suivant immédiatement, ayant accumulé une expérience de production de 2 000 unités, soit la moitié du leader, a un coût unitaire de 12,8 et une marge de 7,2. Le concurrent A ayant une production cumulée équivalente au quart de celle du leader, produit avec un coût unitaire de 16 et une marge de 4. On voit bien que la logique de la stratégie de coût/volume est d'obtenir des gains de part de marché avec des produits standards et une gestion efficace pour accroître le volume, accumuler de l'expérience sur les coûts partagés et aboutir au coût complet le plus faible pour atteindre la marge la plus forte. Il devient alors possible de défendre sa position contre tout nouvel attaquant qui ne pourra que mobiliser des moyens d'action inférieurs à ceux du leader.

Les courbes d'expérience et donc les stratégies de coûts/volume existent non seulement dans les activités industrielles pour des produits standardisés et des commodités, mais également dans les secteurs à haute technologie, tels l'aviation commerciale, ou les services : banques, assurances, et restauration rapide.

B) *Stratégies de différenciation et chaîne de valeur*[1]. Lorsqu'une entreprise obtient les coûts les plus bas et qu'elle les répercute sur ses clients, elle leur permet d'acheter moins cher. Si les achats représentent une part importante de leur prix de revient, elle les placera dans une meilleure position concurrentielle. On dira qu'elle aura amélioré quantitativement la chaîne de valeur de ses clients. Chaque entreprise a des étapes à peu près semblables pour élaborer un produit/service dans l'un de ses domaines d'activité. D'abord la conception, ensuite la technologie, les achats, la fabrication, le marketing, en y incluant la distribution et le service après-vente. Chacun des éléments de l'architecture de cette chaîne de valeur peut être utile à la clientèle. Il faut donc que l'entreprise sache lequel de ces éléments est le plus important pour ses clients et en particulier, pour quel élément de la chaîne de valeur du client final. Caterpillar par exemple, leader mondial du matériel de construction pour le bâtiment, possède un service après-vente qui dépanne ses équipements sur les chantiers avec une rapidité et une fiabilité reconnues mondialement. Ce service est essentiel

1. Nous utilisons cette expression managériale plutôt que celle de valeur ajoutée qui est économique et possède un sens plus étroit et seulement quantitatif : masse salariale + amortissement annuel + variation des stocks + dividendes + impôts. La chaîne de valeur comprend le premier élément – qu'elle appréhende plus finement – et les approvisionnements.

pour les entreprises de bâtiment. En effet, la panne d'une grue peut arrêter la totalité d'un chantier avec pour conséquences le chômage technique des ouvriers et les retards dans la livraison au client final : le particulier, l'entreprise, l'administration qui attend pour entrer dans ses murs. Le service approvisionnement de l'entrepreneur en bâtiment, reçoit donc une valeur apportée considérable par la fiabilité du service après-vente du constructeur de matériel de travaux publics. Toute entreprise se doit donc de connaître sa chaîne de valeur, celle de ses clients et de bien maîtriser en quoi la valeur qu'elle apporte à son client sera utile à ce dernier dans sa relation avec la chaîne de valeur du client final[1].

Il existe trois types de différenciation : la sophistication, la spécialisation sur des segments très étroits et l'épuration. D'abord la sophistication. Les marques ou griffes célèbres, dans la haute couture ou les parfums par exemple, permettent à des entreprises de pratiquer des multiples de prix très élevés puisque la clientèle est prête à valoriser considérablement ces signes extérieurs de richesse. Les multiples utilisés pour la fixation des prix sont souvent encore plus élevés à l'étranger, aux États-Unis par exemple, en particulier pour les produits français de luxe. Cette politique ouvre un créneau intéressant pour des importateurs indigènes qui, en achetant directement à des distributeurs français, peuvent offrir les mêmes produits avec

1. Pour plus de détails sur la chaîne de valeur, voir Strategor, *op. cit.*, p. 91-95 et Porter (1985).

des prix bien inférieurs, mais sans la marque prestigieuse. C'est le marché parallèle[1] qui gêne tant les grandes marques françaises. Les circuits de distribution réservés, comme les pharmacies utilisées pour la distribution exclusive de pâtes dentifrices ou de produits de beauté, permettent de valoriser le produit aux yeux du client prêt à payer plus cher. Une qualité élevée reconnue par le client est également un type de différenciation par sophistication.

Le deuxième type de différenciation consiste à se spécialiser sur des segments très étroits et particuliers, sous la forme d'une offre spécifique adaptée à un type de clientèle, par exemple, vêtements pour grands et gros, ou résidences pour le troisième âge.

Le troisième type de différenciation est l'épuration. La différenciation ne se traduit pas obligatoirement par une augmentation des prix de vente. Elle peut entraîner le contraire : c'est l'épuration effectuée par la suppression de services qui ne sont pas valorisés par la clientèle visée. C'est le cas des kits dans l'ameublement : le client prend livraison du mobilier lui-même sous forme de boîtes en carton et le monte à son domicile. C'est le principe du self-service. Il paie moins cher que pour un meuble livré monté, mais le distributeur de meubles a des frais de stockage, de montage et de transport considérablement inférieurs.

En modifiant l'intitulé des axes ayant permis la construction de la matrice des stratégies génériques, il est encore possible d'affiner la perception des concur-

1. En anglais *gray market*.

rents ayant les mêmes stratégies ou des stratégies différentes et de faire des parallèles et des différences entre les stratégies des différents groupes. Ces cartes des groupes stratégiques, qui peuvent être construites selon des variables diverses, produisent autant de visions de la concurrence qu'il existe de cartes. Elles constituent autant de scénarios pour simuler les stratégies possibles des concurrents ou groupes de concurrents et de s'y adapter au mieux des savoir-faire de l'entreprise.

3. **Domaines d'activité et métiers.** – Nous avons vu que l'entreprise exerce son activité dans un ou plusieurs secteurs ou une partie de ce ou ces secteurs. C'est ainsi que Nouvelles Frontières utilise les services de l'hôtellerie, la restauration, le transport aérien et terrestre qui sont autant de fournisseurs pour elle. Les tours-operators utilisent également ces mêmes fournisseurs. En plus, ils utilisent comme clients les agences de voyage. Par contre, Nouvelles Frontières possède son propre circuit de distribution avec ses agences exclusives. Les domaines d'activité des tours-operators et de Nouvelles Frontières ne se confondent donc pas totalement. Si la conception et la production de voyages se ressemblent, la distribution est radicalement différente. Ces domaines d'activité ne recoupent qu'une faible partie de ceux de leurs fournisseurs.

Chaque domaine d'activité possède ses facteurs clés de succès spécifiques. Le ou les métiers d'une entreprise peuvent se déterminer d'une façon externe par l'énumération de ses domaines d'activité et de leurs

FCS et la synthèse de cette énumération sous la forme d'une seule activité plus large. Par exemple, en 1985, les domaines d'activité d'IBM, Unisys, DEC et Olivetti étaient : l'informatique lourde, la micro-informatique et les télécommunications. Ces domaines peuvent être regroupés sous le parapluie d'un domaine plus large : le traitement de l'information, en général au service des entreprises.

Le métier se définit également de façon interne et subjective par l'entreprise grâce à la perception qu'ont ses dirigeants et ses employés de leur savoir-faire sur les FCS de leurs différents domaines. Ils se reconnaissent dans ce qu'ils aiment faire, ce qui les valorise à leurs yeux, à ceux des autres professionnels travaillant chez les concurrents, ainsi qu'aux yeux de leurs proches. Lorsque les dirigeants de deux groupes automobiles estiment que leur métier c'est l'automobile, ils parlent d'un secteur composé de nombreux domaines d'activités. Ils ressentent toujours que leur métier n'est pas le même que celui de leurs concurrents, même les plus proches, parce que leur maîtrise des mêmes FCS est différente de celle des autres : ils en dégagent leur compétence spécifique.

4. **La segmentation stratégique.** – L'entreprise peut s'appréhender de nombreuses façons : types de clientèles, de produits, de technologies, de professionnels, de fonctions, de divisions, de départements ou d'usines. Cette confusion apparente, rend l'allocation des ressources très difficile. Pour mener à bien une stratégie, il faut en effet être capable de faire les investissements,

les désinvestissements et l'allocation des meilleures ressources humaines de la façon la plus efficace possible. Pour cela, il faut diviser l'entreprise en un certain nombre de sous-parties homogènes pour lesquelles on identifiera des stratégies types et auxquelles on affectera de façon plus ou moins prioritaire les deux principales ressources dégagées globalement par le groupe : capacité de financement et cadres à haut potentiel.

On appelle segment stratégique tout domaine d'activité homogène identifiable par une combinaison de facteurs clés de succès spécifiques, c'est-à-dire qui sont propres à ce domaine d'activité et indépendants des autres dans lesquels l'entreprise est engagée. Chaque segment stratégique mobilise un savoir-faire particulier sur lequel la firme possède une expérience et recherche un avantage concurrentiel. Chaque segment possède des frontières géographiques particulières que l'on appelle pertinentes, c'est la notion de « marché pertinent ». C'est ainsi que la poudre de lait pour bébé, substitut du lait maternel, donnera souvent deux segments stratégiques différents : l'un dans les pays industrialisés, l'autre dans les pays en voie de développement puisque les facteurs clés de succès et l'expérience accumulée y sont très différents, en partie à cause du manque d'eau potable dans les PVD.

La segmentation s'effectue après l'analyse concurrentielle, en particulier lorsque les analystes auront défini le détail des facteurs clés de succès (FCS) spécifiques aux domaines d'activité.

Les FCS ainsi définis deviennent des critères de segmentation. Le tableau 4 ci-après donne l'exemple d'une grille de segmentation.

Les critères de segmentation présentés ci-après proviennent à la fois de la demande et de l'offre. Ils ne sont pas immuables et chaque exercice de segmentation peut utiliser des critères différents. Pour chaque produit ou service présent sur le marché, l'analyste établira une colonne. En remplissant le tableau, il caractérisera de façon synthétique, les diffé-

Tableau 4. – **Grille de segmentation**

CRITÈRES DE SEGMENTATION		PRODUITS ou SERVICES		
		P_a	P_b	P_c
DEMANDE	Type de clientèle	A_1	A_1	A_2
	Fonction(s) d'usage	B_1	B_1	B_2
	Besoin(s) et critère(s) d'achat	C_1	C_1	C_2
	Mode de distribution	D_1	D_1	D_2
	Principaux concurrents	E_1	E_1	E_2
	Zones géographiques concernées	F_1	F_1	F_2
OFFRE	Type de technologie	G_1	G_1	G_2
	Structure des coûts (importance relative des coûts partagés et spécifiques)	partagés$_1$	partagés$_1$	spécifiques
	Maîtrises des compétences sur les principaux FCS	I_1	I_1	I_2
	Synergie(s) réalisable(s)	forte	forte	faible
Conclusion de la segmentation		SEGMENT ≠ 1		SEGMENT ≠ 2

rents critères de segmentation en recherchant d'une colonne à l'autre, si les caractéristiques ainsi déterminées sont semblables ou non à celles du produit précédent. Il s'agit donc d'un exercice qui permet de déterminer la similitude ou la différence de caractéristiques d'un produit à l'autre par critères de segmentation. Dans l'exemple hypothétique présenté dans le tableau 4, on voit que tous les critères de segmentation des produits A et B sont homogènes. On conclura alors qu'il s'agit d'un seul et même segment. Par contre, on voit que tous les critères de segmentation du produit C sont différents de ceux des produits A et B. Le produit C constituera à lui seul un segment spécifique. Le produit D, qui n'est pas indiqué dans le tableau 4, fera partie du premier segment si tous ses critères sont identiques à ceux des produits A et B, du deuxième segment s'ils sont identiques à ceux du produit C. Par contre, si les critères de segmentation du produit D sont tous différents à la fois de ceux des produits A, B et C, il constituera un troisième segment.

Malheureusement pour les analystes d'entreprise et les consultants qui font de la segmentation stratégique, l'analyse n'est pratiquement jamais aussi simple. Elle est donc délicate et relative. En effet, on a toujours quelques critères homogènes entre les différents produits ou services et d'autres qui sont spécifiques. Il n'existe donc pas de règle absolue permettant de segmenter dans la plupart des cas. Les résultats de la segmentation dépendent donc en très grande partie, de la qualité de l'analyse des spécialistes qui effectuent la segmentation. Il leur faut en effet réunir des avis suffisamment compétents parmi les spécialistes des différentes fonctions de l'entreprise pour déterminer quels sont les critères de segmentation les plus importants. Parfois, le mode de distribution sera absolument essentiel pour réussir dans un produit alors que pour un autre, il s'agira du type de technologie. Si tous les autres critères sont homogènes, on aura quand même affaire à deux segments différents. Ce n'est donc pas en comptant le nombre de critères de segmentation homogènes et en estimant que s'il est supérieur à la moitié des critères, on aura le même segment, et inversement s'il est inférieur à la moitié, on obtiendra deux segments différents. C'est au contraire en déterminant quels sont le ou les critères absolument essentiels pour la réussite que l'on réussira une segmentation pertinente pour effectuer une bonne allocation de ressources.

La segmentation illustrée dans le tableau 4, est une segmentation « par le bas », c'est-à-dire que l'on part du détail des produits et des services pour les agréger en un nombre de segments stratégiques plus petits. Il est possible de procéder de façon inverse en désagrégeant les activités de l'entreprise en un nombre de segments stratégiques plus important que celui des activités. L'approche « par le haut » ou « par le bas », doit normalement aboutir au même résultat. Il n'est pas mauvais d'avoir plusieurs niveaux d'agrégation de la segmentation : un par domaine d'activité, un autre par segment stratégique, et enfin, le dernier, par un niveau de segment stratégique encore plus fin. Plus on effectue une segmentation fine, plus cela permet de faire une allocation de ressources à des unités plus petites.

Tout exercice de segmentation stratégique doit être renouvelé fréquemment car les critères de segmentation varient avec le temps. Il est évident que la demande change, que l'offre s'y adapte, tout en ayant ses propres moteurs internes de changement. Avec le temps, les critères de segmentation les plus importants peuvent changer, les frontières géographiques également. C'est ainsi que certains segments peuvent disparaître et que d'autres peuvent apparaître.

La segmentation stratégique est intéressante en elle-même puisqu'elle permet d'initier une réflexion interne sur l'homogénéité ou la différence des critères de segmentation, ainsi que l'identification des critères les plus importants, qui deviennent alors prioritaires. La segmentation est donc utile à la communication interne pour les décideurs qui sont consultés au moment de sa réalisation. Mais la finalité principale de la segmentation est de permettre l'allocation centralisée des ressources à des sous-parties considérées comme homogènes. Elle ne se suffit pas à elle-même puisqu'il faut ensuite positionner les segments sur des matrices de portefeuilles de segments.

5. **Les matrices de portefeuille**[1]. – Une fois les domaines de l'activité de l'entreprise découpés en segments stratégiques, il devient nécessaire de les analyser

1. Les consultants en stratégie pourront parcourir cette section en diagonale. Elle est destinée aux cadres et aux étudiants qui n'ont pas encore été familiarisés avec cette approche.

selon deux variables de base : la position concurrentielle de l'entreprise sur chacun de ces segments – qui illustre la rentabilité et le risque concurrentiel – et la valeur de chaque segment, selon des critères de besoins financiers, de risques sectoriels ou d'une façon plus large, d'intérêt global pour l'entreprise. Ensuite, il faut représenter graphiquement ces segments, dans une matrice sur les deux variables qui déterminent ses deux dimensions, en représentant chacun des segments par un cercle proportionnel à la part relative du chiffre d'affaires de chaque segment sur le chiffre d'affaires global de l'entreprise. Si l'on effectue une segmentation et une analyse de matrice de portefeuille à plusieurs niveaux d'agrégation, on pourra construire des matrices par domaines d'activité ; la taille du segment stratégique sera alors déterminée par un cercle proportionnel au chiffre d'affaires du segment stratégique sur le chiffre d'affaires du domaine d'activité du domaine concerné.

La représentation graphique des segments stratégiques mettra en évidence rapidement leurs risques ainsi que les relations entre leur position stratégique et leur situation financière. Le positionnement dans la matrice permet de déterminer immédiatement les recommandations stratégiques qui s'appliquent à chaque segment puis dans un deuxième temps d'appréhender la qualité globale du portefeuille de segments stratégiques de l'entreprise et donc d'en déduire son problème stratégique principal.

Les trois matrices de portefeuille qui ont été utilisées par les cabinets de conseil en stratégie et les cadres de l'entreprise spécialisés en stratégie et planification stratégique, et qui sont encore utilisées pour certaines portent le nom de trois groupes de consultants nord-américains : Boston Consulting Group (BCG), Arthur D. Little (ADL) et McKinsey.

Même s'il n'est plus utilisé très souvent, nous expliquerons le modèle BCG « classique », car il est le plus rapide à comprendre et surtout le plus imagé. Le tableau 5 page suivante en donne une représentation graphique.

La matrice du BCG est simple et opérationnelle. Les variables portées en abscisse et en ordonnée peuvent être mesurées quantitativement d'une façon rapide. En ordonnée, le taux de croissance du segment. Il est pris de façon instantanée avec une mesure d'une année sur l'autre ou une prévision à court ou moyen terme. Plus le taux de croissance est élevé, plus les besoins d'investissement et de fonds de roulement des segments y sont élevés ; inversement, plus le taux de croissance est faible, plus les besoins financiers sont faibles. L'abscisse est positionnée de droite à gauche, contrairement aux habitudes. Elle représente la part de marché relative et non pas absolue – comme on le fait habituellement en marketing – du segment. Pour les suiveurs, la part de marché relative se mesure en faisant le rapport « part de marché de l'entreprise / part de marché du leader » ; pour le leader la part de marché relative se mesure en faisant le rapport « part de marché / part de marché de l'entreprise ayant la position la plus proche ». Si le leader possède 40 % de marché par exemple, et

Tableau 5. – **Matrice Taux de croissance / part de marché**[1]

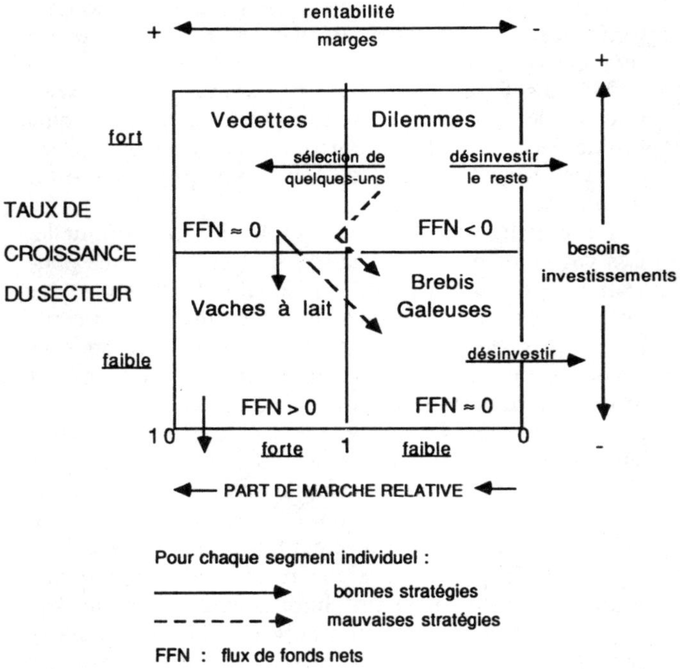

1. Repris et adapté de M. Ghertman, *La prise de décision, op. cit.*, p. 46.

que le suiveur immédiat en est à 20 %, la part de marché relative du leader est de 2 et celle du suiveur de 0,5. S'il existe deux leaders avec 40 % chacun, ils auront une part de marché relative de 1 et le suiveur, avec ses 20 %, maintiendra une part de marché relative de 1/2.

Il faut porter une attention particulière aux choix des quantités portées sur les axes médiants de cette matrice. Si le taux de croissance maximum du secteur est de 80 % (la micro-informatique de la première partie des années 1980), le taux moyen sera de 40 % et l'on considérera comme taux de croissance fort, un taux compris entre 40 et 80 % et un taux faible, celui compris entre 0 et 40 %. Dans le bâtiment, par contre, il est possible que le taux de croissance maximum soit de 4 %, le taux moyen sera alors de 2 % et tout segment positionné entre 2 et 4 % sera considéré comme un taux de croissance fort, et ceux qui se trouvent entre 0 et 2 % auront un taux de croissance faible. Dans la pratique, la séparation entre parts de marché relative, faible et forte est portée à 1,5 et non pas à 1 lorsqu'il existe beaucoup d'entreprises ayant des parts de marché absolues faibles.

Cette matrice permet d'identifier quatre cases dans lesquelles chaque segment possède des caractéristiques stratégiques et financières différentes :

– les Vaches à lait *(cows)* : forte position relative donc rentabilité élevée ; taux de croissance faible, donc besoins financiers, faibles. Les segments de cette case dégagent des flux de fonds très positifs ;

– les Vedettes *(stars)* : position relative forte donc rentabilité forte et taux de croissance élevé donc besoins financiers importants ; les flux de fonds sont donc à peu près équilibrés ;
– les Dilemmes *(Question Marks)* : position relative faible donc rentabilité faible, et taux de croissance élevé, donc besoins financiers importants. Les flux de fonds sont très négatifs ;
– les Brebis galeuses *(Dogs)* : position relative faible, donc rentabilité faible et taux de croissance faible, donc besoins financiers peu importants ; les flux de fonds sont à peu près équilibrés comme dans le cas des Vedettes, mais la position stratégique est totalement différente.

On voit bien que les segments positionnés dans des cases différentes ont des caractéristiques spécifiques. Cette matrice permet de déduire immédiatement des stratégies pertinentes pour les segments qui sont positionnés dans chacune de ces cases :

– les Vaches à lait : rentabiliser au maximum en maintenant la part de marché et sans faire d'investissement pour « traire » le segment au maximum tant que son taux de croissance est supérieur à zéro. S'il décroît, on pourra désinvestir progressivement, en maintenant toujours la part de marché. L'objectif est de préserver pendant le plus longtemps possible et à leur niveau le plus haut les flux de fonds disponibles pour les autres segments ;
– les Vedettes : maintenir à tout prix la position relative car, avec un taux de croissance qui peut faiblir

par la suite, les Vedettes d'aujourd'hui sont les Vaches à lait de demain. Il faut donc satisfaire en priorité les demandes d'investissement et de fonds de roulement des Vedettes en leur permettant d'investir pour elles les marges brutes d'autofinancement qu'elles dégagent et en allouant de façon prioritaire les flux de fonds dégagés par les Vaches à lait, si jamais leur propre capacité à dégager des flux de fonds devient légèrement négative ;

– les Dilemmes : ils appellent des décisions rapides. En effet, ils ne peuvent pas rester longtemps dans une position qui grève les capacités financières de l'entreprise. Il faudra soit doubler la mise (c'est-à-dire investir très fort) pour leur permettre de gagner une part de marché et les faire ainsi passer dans la case des Vedettes, soit resegmenter d'une façon plus fine pour allouer des ressources moins importantes à un segment plus petit pour qu'il aboutisse dans la case des Vedettes et désinvestir des sous-segments moins prometteurs. Les décisions d'investissement sur un segment Dilemme, dépendent à la fois du sentiment que l'entreprise a sur sa capacité à lui faire gagner des parts de marché, et des flux de fonds nets dont elle dispose. S'il existe beaucoup de Dilemmes et peu de Vaches à lait, il faudra sacrifier beaucoup plus de Dilemmes que si l'entreprise disposait de Vaches à lait très importantes ;

– les Brebis galeuses : appellent des décisions moins urgentes que les Dilemmes. En effet, elles ne grèvent pas les flux de fonds de l'entreprise et elles ne doivent pas utiliser normalement des managers à très hauts potentiels. La recommandation classique est de désinvestir progressivement, surtout au fur et à mesure de l'apparition de flux de fonds négatifs. Par contre, s'il est possible de rationaliser les coûts et de maintenir une position privilégiée dans un marché protégé, ces Brebis galeuses pourront être gardées longtemps puisqu'elles ne risquent pas de gêner la santé financière des autres segments, ce sont alors plus des poids morts que des Brebis galeuses.

Une fois les recommandations dégagées pour chaque segment, l'analyste déterminera l'équilibre global de tout le portefeuille de segments stratégiques. Trois cas de figure sont possibles. Le premier permet de diagnostiquer un portefeuille juvénile : beaucoup de Dilemmes beaucoup de Vedettes, mais très peu de Vaches à lait. Le portefeuille global a des flux de fonds nets très négatifs ; en contrepartie, il possède un fort nombre de Vedettes et de points d'interrogation qui peuvent être porteurs d'avenir surtout lorsqu'un segment en est au début de son cycle de vie. L'entreprise ayant un portefeuille juvénile, doit à tout prix désinvestir au mieux un grand nombre de Dilemmes pour concentrer ses ressources sur le maintien de la position concurrentielle de ses Vedettes et sur des investissements pour un très petit segment Dilemmes. Son risque majeur est de faire l'objet d'une tentative d'acquisition de la part d'une entreprise ayant un portefeuille de nature opposée que l'on appelle « sénile ». Un portefeuille sénile est donc constitué par de très grosses Vaches à lait, un nombre moyen de Vedettes et très peu de Dilemmes. L'entreprise ayant ce type de portefeuille dégage beaucoup de moyens financiers, mais ne possède pas les segments sur lesquels elle pourra investir pour assurer son avenir lorsque le taux de croissance de ces Dilemmes et Vaches à lait baissera. Il lui faudra donc développer de nouveaux segments, soit en les créant de façon interne, soit en faisant l'acquisition d'une entreprise possédant un portefeuille de segments complémentaires : les segments juvéniles dont nous venons de parler. C'est ainsi que lorsque l'on fait des analyses d'acquisition de façon stratégique, on place l'une sur l'autre les résultats de l'analyse de portefeuille des deux entreprises qui vont fusionner pour voir si le portefeuille global est équilibré ou non.

Un portefeuille équilibré est caractérisé par un flux de fonds net voisin de zéro. L'entreprise possède alors des segments Vaches à lait et Dilemmes de même taille avec un certain nombre de Vedettes et le moins possible de Brebis galeuses.

Malgré ses avantages de simplicité et d'opérationnalité le modèle du BCG est très réductionniste. Il est dangereux de mesurer la valeur du secteur uniquement par son taux de croissance et la position concurrentielle de l'entreprise, uniquement par sa part de marché. En plus ce modèle n'est valable que si l'effet d'expérience, c'est-à-dire les stratégies de coûts-volumes est possible. Il est inopérant en cas de stratégie de différenciation. Il s'applique uniquement aux domaines d'activité sur lesquels on trouve des produits ou des services standards au niveau mondial, avec de forts volumes de production et une technologie banalisée.

Les matrices ADL et McKinsey obéissent au même mode de construction, c'est-à-dire les deux variables « position concurrentielle » et « intérêt du secteur » et à la même logique stratégico-financière que la matrice du BCG exposée ci-dessus. Toutefois, elles ne s'appliquent pas seulement aux stratégies du volume et elles utilisent des critères d'évaluation des deux variables beaucoup plus complets, donc plus qualitatifs. En contrepartie, elles sont d'une utilisation moins mécanique et moins directement opérationnelle que celle du BCG. La position concurrentielle est mesurée de la même façon sur les matrices ADL et McKinsey : la seule différence concerne l'échelle d'évaluation : quatre niveaux chez ADL et trois seulement chez McKinsey. Dans un premier temps, on ressort de l'analyse concurrentielle les facteurs clés de succès de chaque segment auxquels on ajoute la part de marché relative, le taux de croissance prévisible et la rentabilité qui deviennent des critères d'évaluation de la position concurrentielle comme l'illustre le tableau 6.

Dans un deuxième temps, on attribue à chaque critère un coefficient de pondération. La somme de ces coefficients doit être égale à 100 %. Ensuite on évalue la position relative de chaque critère par rapport à la position des concurrents. La position concurrentielle sera faible si l'entreprise se note à 0,5 ou dominante si elle se note à 4 chez ADL par exemple. Cet exercice d'autonotation est essentiel puisqu'il détermine le po-

Tableau 6. – **Grille d'évaluation de la position concurrentielle**[1]

Critères	Coefficient de pondération	0,5 1 1,5 2 2,5 3			Note pondérée
Rentabilité relative					
Part de marché relative		0,5 à 1	1 à 2	plus de 2	
Prix de revient		> concurrents	=	< concurrents	
Adéquation outil de production		obsolescent	moyen	> concurrents	
Potentiel R&D		<	=	>	
Maîtrise marketing		<	=	>	
Qualité distribution		<	=	>	
Compétence achat		<	=	>	
Couverture géographique		<	=	>	
Image		<	=	>	
Total	100 %				de 0 à 3

1. Repris et adapté de Strategor, *op. cit.*, p. 62.

sitionnement concurrentiel et donc les choix d'allocation de ressources que l'on sera amené à effectuer par la suite. Il nécessite d'être coordonné par un chargé d'étude ou un consultant capable de recueillir l'information pertinente sur chaque critère, au sein des services compétents de l'entreprise. Ils seront évidemment différents s'il s'agit du potentiel de recherche et de la qualité de la distribution. Il devra également y incorporer des points de vue extérieurs, car une évaluation strictement interne risque de biaiser les résultats si les différents responsables de l'entreprise se livrent à un exercice d'autosatisfaction ou au contraire ont tendance à se sous-évaluer s'ils sont trop modestes, ou encore pire, masochistes. L'apport d'un consultant extérieur qui a déjà eu l'occasion de réaliser un travail similaire chez un concurrent dans le même secteur est donc capable de donner plus de certitudes quant aux résultats de cette évaluation, même si la déontologie des consultants peut en être un peu écornée. Le travail de communication interne ainsi réalisé est également très utile puisqu'il permettra aux différents responsables d'harmoniser leurs points de vue sur leur position concurrentielle relative et sur les critères qu'utilisent les responsables des autres fonctions de l'entreprise.

Une fois cette note relative déterminée pour chaque critère, on la multipliera par le coefficient de pondération déterminé précédemment et on obtiendra ainsi la note pondérée pour chaque critère. Il suffira alors de faire l'addition pour obtenir la note moyenne pondérée pour tous les critères. Elle se situera entre 0 et 4 chez ADL et 0 et 3 chez McKinsey.

ADL et McKinsey n'évaluent pas de la même façon la valeur du segment stratégique. Chez ADL, elle est mesurée par le degré de maturité de l'activité obtenu par la classique courbe de cycle de vie du produit venue tout droit du marketing : démarrage, croissance, maturité, vieillissement. Avec les résultats de l'analyse pour ces deux variables, il est donc possible de positionner les segments dans la matrice ADL, comme on l'aura fait pour les mêmes segments sur la matrice BCG. Les différentes zones de cette matrice déterminent les recommandations stratégiques à suivre pour chacun des segments[1]. Le positionnement de tous les segments sur ces matrices permettra de constater des portefeuilles équilibrés, juvéniles ou séniles, et donc d'en déduire le problème stratégique majeur comme on l'a déjà fait avec la matrice BCG.

Le modèle McKinsey mesure la valeur du secteur d'une façon particulière. D'abord en recherchant la valeur intrinsèque du secteur grâce à certains critères qu'il faudra pondérer et auxquels il faudra donner une valeur – forte, moyenne ou faible : rentabilité, taux de croissance, intensité de la concurrence, etc. Ensuite, en recherchant la valeur relative du secteur, par rapport aux autres segments dans lesquels l'entreprise est présente. On recherchera donc les synergies entre un segment et les autres. Cette utilisation des synergies dans l'évaluation de la valeur du segment par le modèle McKinsey est particulièrement utile en cas de besoin d'élagage d'anciens segments ; il faut faire particulièrement attention à ne pas désinvestir des segments en synergie avec d'autres : technologie identique, circuits de distribution communs, image globale ou coûts partagés. C'est également le cas pour le choix de nouveaux segments ou de fusion et acquisition d'entreprises possédant des segments complémentaires.

Les trois matrices ne peuvent être utilisées que si l'exercice de segmentation a été effectué au préalable. C'est la segmentation qui demande le plus d'efforts et le travail le plus long. Il est donc intéressant de posi-

1. Voir Strategor (1988), p. 119-122.

tionner les segments sur les trois matrices puisque le coût d'un tel travail supplémentaire est faible et que chacune des matrices donne des indications assez différentes et complémentaires : mesure instantanée et très opérationnelle pour le BCG, recommandations dynamiques pour ADL surtout pour les entreprises ayant des segments dans des domaines dont les cycles de vie en sont à des moments différents, insistance sur les synergies et donc amélioration de la capacité de sélection en cas de désinvestissement, de diversification ou de fusion pour McKinsey.

6. **Les voies de développement.** – La segmentation et les matrices de portefeuille distinguent bien le niveau de la stratégie de chaque segment de celui du portefeuille global de l'entreprise. Elles donnent des indications plus précises sur la nature des choix stratégiques de chaque segment (voir § 5 ci-dessus) que sur les voies à suivre pour équilibrer un portefeuille sénile : achetez ou fusionnez avec votre complément de nature juvénile – et *vice versa*. L'entreprise sénile peut rechercher un portefeuille juvénile dans le même métier mais aussi sur les trois voies de développement que sont : l'intégration verticale, l'internationalisation et la diversification. La restructuration est faite à la fois de développement et de son inverse : le recentrage. Ces voies peuvent également être choisies par chaque segment. La resegmentation plus fine, en un segment national et un segment export par exemple, peut donner un éclairage particulier à la voie du développement international. Nous examinerons cepen-

dant cette question plus du point de vue global de l'entreprise et que de ses segments.

L'intégration verticale peut s'effectuer en amont en intégrant des activités d'extraction de matières premières, avec la bauxite pour les fabricants d'aluminium par exemple, ou la fabrication de composants pour les industriels du traitement de l'information. Elle peut s'effectuer en aval, en intégrant la transformation des produits pour le producteur d'aluminium ou les circuits de distribution pour l'entreprise de traitement de l'information. Le transformateur de l'aluminium pourra s'intégrer verticalement en acquérant un producteur d'aluminium et le distributeur de produits informatiques pourra s'intégrer vers l'amont en fabriquant lui-même des micro-ordinateurs, comme le fit l'entreprise américaine Tandy au début des années 1980. Son concurrent Tandon, fabricant de disques durs, s'est lui-même intégré vers l'aval en commençant la fabrication de micro-ordinateurs.

L'internationalisation, c'est-à-dire l'extension des frontières géographiques pour les segments existants, ou la création de segments stratégiques particuliers pour l'étranger, constitue la seconde voie de développement[1]. Elle prend la forme d'exportations, de création de filiales commerciales ou intégrées – production et distribution – ou de filiales communes avec d'autres groupes : alliances temporaires comme les grands pro-

1. Pour des développements plus importants, consulter H. de Bodinat, J.-M. De Leersnyder, M. Ghertman *et al., Gestion internationale de l'entreprise,* Dalloz, 1984.

grammes technologiques européens ou stables tels Airbus Industrie. L'export donnera lieu à la création d'un nouveau segment si les facteurs clés de succès qu'il faut maîtriser à l'étranger sont différents de ceux qu'il faut maîtriser sur le territoire national. C'est ainsi que faire des prêts immobiliers à des particuliers en France est fortement différent de la même activité aux États-Unis. Il en va de même avec la vente des téléviseurs noir et blanc par une entreprise algérienne dans son propre pays et à l'exportation. Elle a un marché protégé chez elle ; à l'étranger, son seul avantage est le coût comparé à celui des téléviseurs couleur puisque ses concurrents européens ont arrêté le noir et blanc. On aura donc bien deux segments avec une valeur du secteur et une position concurrentielle dissemblables.

L'établissement de filiales à l'étranger, pour des segments dont les facteurs clés de succès sont très différents amènera à une segmentation filiale par filiale ; c'est souvent le cas pour beaucoup de produits alimentaires ou pour certains services bancaires et d'assurance. Pour les produits mondiaux à clientèle, technologie et distribution pratiquement identiques, on aura des segments mondiaux que l'on développera donc d'une façon standard et souvent en faisant des lancements simultanés au niveau mondial : beaucoup de produits électroniques de grande consommation par exemple.

La voie de la diversification est le plus souvent utilisée par des entreprises qui ont épuisé les voies de l'intégration verticale et de l'internationalisation ou qui ne trouvent pas à l'étranger de marchés semblables à ceux qu'elles peuvent développer sur leur territoire national, comme ce fût le cas des entreprises américaines immédiatement après les Première et Deuxième Guerres mondiales. On appellera diversification conglomérale l'entrée dans des segments nécessitant la maîtrise de facteurs clés de succès totalement différents de ceux requis par les segments existants. L'entrée de Coca-Cola dans la production de vins fins et de films en est un exemple récent, les conglomérats américains des années 1960 en constituent l'archétype.

La diversification n'est pas nécessairement conglomérale. Elle peut être liée par la technologie existante qui sera alors déclinée sur d'autres segments, avec d'autres types de clientèles et de distribution. La diversification est parfois liée par les clients auxquels on offrira des services totalement nouveaux avec éventuellement des technologies que l'entreprise devra développer et surtout par la distribution, particulièrement dans l'alimentaire.

La décision de diversification d'IBM dans la micro-informatique et les télécommunications au début des années 1980 était surtout liée par la clientèle, beaucoup moins par la technologie et pas du tout par la distribution. IBM s'étendait de l'informatique, secteur à très forte rentabilité, risque et croissance moyens à des secteurs à rentabilité plus faible, risque et croissance plus forts, donc à première vue moins intéressants. D'autres secteurs plus attrayants auraient peut-être été préférables. Toutefois les synergies entre les trois secteurs sont telles que ses concurrents dans les deux derniers secteurs auraient pu utiliser leurs micros ou leurs systèmes de télécommunications comme des chevaux de Troie pour pénétrer la clientèle d'IBM dans l'informatique. Il s'agissait donc plus d'une diversification de confortement de leur position que de placement. C'est la stratégie des concurrents de ces trois secteurs, partis d'un seul et se diversifiant dans les autres, par acquisitions ou alliances qui modifie ses frontières en en créant un seul : le traitement de l'information, lieu d'exercice d'un seul métier. Dix ans après les premières diversifications, en confondant les frontières du secteur au début et à la fin, on pourra affirmer que le métier n'a pas changé. Utile du point de vue de l'identité (voir secteur II ci-après) cette rationalisation est néfaste pour aider les décisions futures.

La diversification de beaucoup de firmes automobiles : General Motors, Ford, Daimler-Benz, Fiat ou SAAB dans un ou plusieurs des secteurs de l'espace, du militaire et du service informatique, peut apparaître comme conglomérale car elle n'est pas liée par la clientèle et de manière très faible par la technologie au départ. Toutefois le capital de bonnes relations que tout constructeur automobile entretient avec le gouvernement de son pays d'origine crée des synergies avec l'espace et le militaire. En plus, avec le temps, l'informatique devient une base d'expérience ayant beaucoup de points communs au militaire, à l'espace et dans une moindre mesure à l'automobile. Les diversifications ci-dessus caractérisent un redéploiement d'un secteur à croissance et rentabilité moyennes à d'autres secteurs à croissance et rentabilité en général plus élevées. Encore faut-il pouvoir et vouloir se diversifier : les autres concurrents automobiles ont préféré le recentrage.

BSN (devenue Danone depuis), anciennement dans le verre s'est diversifié dans l'alimentaire pour finalement désinvestir du verre : la diversification de survie est devenue changement de métier. Il s'agissait de quitter un secteur à croissance et rentabilité très faible, dans lequel règnent les stratégies de volume – BSN n'avait pas la taille critique – pour un autre à croissance et rentabilité un peu plus élevée dans lequel les stratégies de différenciation sont possibles.

Les exemples ci-dessus montrent l'importance de l'analyse concurrentielle des secteurs d'origine et d'arrivée ainsi que de celle de la position concurrentielle pour les mouvements de diversification, en plus de la segmentation et des matrices de portefeuille, utiles au diagnostic initial du besoin de diversification.

Le développement stratégique, sur une ou plusieurs des voies ci-dessus peut se faire de façon interne mais il a de plus en plus lieu de manière externe par fusions, acquisitions et alliances. Le recentrage peut donner lieu à des suppressions d'activité avec leur cortège de fermetures d'usines, de licenciements et de plans sociaux, mais il donne lieu le plus souvent à des ventes à des acquéreurs qui pourront donner un nouveau départ aux segments stratégiques qu'ils accueillent dans leur portefeuille grâce à de meilleures synergies avec leurs segments existants ou simplement à plus de moyens.

L'émergence de plus en plus de nouvelles technologies, les taux de croissance très différents des secteurs industriels, l'internationalisation accrue, la déréglementation et la privatisation mais aussi la sophistication stratégique et financière croissante des directions générales des grands groupes transforment de plus en plus rapidement l'équilibre de leurs portefeuilles stratégiques. Les changements et ajustements de portefeuilles stratégiques deviennent donc de plus en plus nécessaires. C'est pourquoi on assiste depuis quelques années à une vague de fusions et acquisitions. Le développement interne est souvent trop lent et éventuellement plus coûteux et risqué qu'un développement externe. Encore faut-il savoir ensuite intégrer les nouveaux venus dans la structure et l'identité de l'acquéreur. Les raiders[1] qui achètent des entreprises en les revendant ensuite par morceaux et en réalisant au passage des bénéfices substantiels, jouent un rôle d'intermédiaire entre un vendeur potentiel – souvent non consentant – et plusieurs acheteurs, qui ne savent pas forcément non plus qu'ils le sont. C'est que les raiders ont une bonne vision des portefeuilles stratégiques de beaucoup d'entreprises et des prix auxquels les acheteurs sont susceptibles de bien vouloir valoriser – pour développer leur portefeuille – les segments stratégiques qu'on leur propose.

Les alliances stratégiques sont souvent nécessaires lorsque certains concurrents n'arrivent pas à développer seuls les moyens technologiques, humains, finan-

1. Anglicisme synonyme de pilleurs.

ciers et commerciaux pour faire face à des concurrents plus importants, surtout nord-américains. C'est le cas pour les constructeurs d'avions civils ou utilitaires : Airbus, avion de combat européen mais aussi dans l'automobile pour le développement des moteurs.

La démarche d'analyse stratégique que nous venons d'exposer ci-dessus doit être itérative puisqu'il faut toujours être capable de revenir en arrière et préciser un élément dont on n'avait pas forcément besoin à un point de l'analyse et qui s'avère essentiel ensuite. Elle peut également commencer là où le problème le plus important se posera, des points 1 à 6 de la démarche. Il sera toujours nécessaire de revenir en arrière pour s'assurer de la cohérence globale de l'analyse et il faudra se poser les questions de la relation entre les réponses données à un moment et à un autre de l'analyse. La dynamique de l'analyse concurrentielle ne va-t-elle pas être modifiée par les choix stratégiques d'internationalisation rapide du leader par exemple ?

II. – L'identité de l'entreprise

L'identité c'est la série de caractéristiques qui permet de reconnaître le caractère unique de l'entreprise et donc, à ses membres de s'y identifier et aux personnes de l'extérieur de la reconnaître[1]. L'identité saisit donc à la fois l'image interne et externe de l'entreprise. Dans ce chapitre, nous traiterons surtout de l'identité

1. Pour approfondir ces concepts, on pourra consulter les ouvrages de Larçon et Reitter (1979) et Strategor (1988).

interne en examinant d'abord ses composantes, en recherchant comment on peut la modifier grâce à la focalisation ; enfin, en traitant de l'image externe et de sa relation avec l'image interne.

1. **Les composantes de l'identité.** – Ces composantes sont la culture de l'entreprise et ses fondements. La culture – l'élément le plus immédiatement visible – est composée des productions symboliques, de l'imaginaire organisationnel et du style de leadership. Les fondements de cette culture sont : la personnalité du dirigeant, l'histoire stratégique, la nature de la tutelle, les éléments socioculturels et politiques. Puisque style de leadership et personnalité du dirigeant sont difficilement dissociables, nous les traiterons comme un ensemble faisant la transition entre la culture et ses fondements.

A) *La culture.* – Elle est composée par les productions symboliques et par l'imaginaire organisationnel.

– Les productions symboliques peuvent être divisées en quatre éléments : les valeurs, les mythes, les rites et les tabous.

Les valeurs, ou croyances et normes, sont des préférences collectives de l'entreprise écrites ou de simples traditions orales qui s'imposent à ses membres. Elles peuvent être formalisées, on parlera de normes ou de règles. La plupart des entreprises américaines valorisent ainsi la rentabilité, les japonaises la fidélité et la capacité à sacrifier ses vacances lorsque nécessaire. Les vendeurs recherchent la maximisation de leurs résultats et sont rémunérés en conséquence. Les producteurs recherchent la qualité et la diminution des coûts et sont mesurés en fonction de normes budgétaires bien définies. Les fonctionnaires ont pour objectif le service public.

Les mythes, tels celui du père fondateur de l'organisation, cœur de l'histoire sacrée de l'entreprise, cherchent à construire et à pérenniser une image idéale de l'entreprise. Elle explique sa naissance en la faisant remonter le plus loin dans son histoire pour chercher à montrer qu'elle a en fait toujours existé et qu'elle existera donc toujours, tout au moins pour ceux qui croient aux lois de l'origine et de la continuité.

Les rites sont des actes répétitifs qui apportent le confort des habitudes et rassurent un grand nombre des membres du groupe. Le port de la cravate de l'entreprise, le chant de l'entreprise sont des rites mobilisateurs ; l'arrivée systématique en retard et le départ systématiquement en avance sont des rites typiquement bureaucratiques.

Les tabous font partie des sujets dont il est interdit de parler dans une entreprise. Lorsqu'un président est proche de l'âge de la retraite par exemple, les bruits de couloir ne se nourrissent que du nom des successeurs possibles, mais gare à celui qui en parlera ouvertement au président sortant. Les tabous proviennent aussi d'événements « impensables » provenant de l'extérieur de l'entreprise, ou même de l'intérieur.

– L'imaginaire organisationnel peut être divisé en trois éléments : l'image de l'entreprise, celle du métier et celle de la carte du pouvoir.

L'image interne n'est jamais simple. Elle est composée de beaucoup d'éléments dont le dosage respectif varie avec les entreprises. Certaines se perçoivent comme composées de jeunes loups agressifs prêts à écraser leurs concurrents, tel Jacques Borel International à la fin des années 1970, d'autres comme étant une mère nourricière pour leurs employés, telles certaines administrations. Les mauvaises langues trouvent qu'en contrepartie de la sécurité d'emploi qu'elles offrent, ces mères nourricières ont souvent le sein pauvre. Le mode de comportement est un autre élément de l'image interne. Il peut mettre en évidence le professionnalisme et l'efficacité des dirigeants ou son contraire, le caractère bureaucratique de gestionnaires ayant l'œil rivé sur l'horloge pour ne pas rater l'heure de la sortie ou une autre variante : celle des cadres frappés de réunionite interne et donc jamais disponibles pour leurs clients ou collègues. Les qualités du collaborateur idéal s'apprennent avec le temps et changent souvent, telles la flexibilité, le dévouement ou l'empathie internationale.

L'image du métier est plus ou moins forte selon les cas. Les professionnels de l'informatique, de la recherche en médecine ou du nucléaire, de l'enseignement et de la recherche en Management se font souvent une plus haute idée de leur profession que de l'entreprise ou l'organisation pour laquelle ils travaillent. Si les autres composantes de l'imaginaire organisationnel – image de l'entreprise, carte du pouvoir – ne font pas contrepoids, ils seront très mobiles comme dans la Silicon Valley.

L'image de la carte du pouvoir est souvent essentielle bien qu'imprécise, peu sûre et changeante. L'éminence grise ou les hommes du président sont cependant le plus souvent identifiés avec justesse. Ils peuvent être membres du conseil d'administration, de la direction générale, consultants extérieurs ou encore membres de la famille ou il peut s'agir de la secrétaire, avec les sous-entendus d'usage, surtout dans les PME. Les décisions stratégiques qui favorisent tel département ou division plutôt qu'un autre renforcent ou modifient cet imaginaire.

Les productions symboliques et l'imaginaire organisationnel permettent de décrire la culture de l'entreprise ; ensemble et lorsqu'ils sont cohérents, ils ont une fonction mobilisatrice des énergies du personnel ou dans le cas contraire, constituent des obstacles aux changements. Ils représentent les éléments les plus visibles de l'identité mais il serait dommage de la réduire à cette manifestation relativement superficielle.

B) *Style de leadership et personnalité du dirigeant.* – On parle souvent de leader charismatique ou de leader consensuel. Un leader charismatique exerce une très forte emprise sur les membres de la direction générale ainsi que sur les autres employés du groupe. Il a la réputation de réussir, de bien guider l'entreprise vers un avenir qu'il est le seul à connaître. Son autorité est basée sur sa capacité à guider l'entreprise vers des décisions acceptables par la plupart de ses membres pour qu'un bon climat interne règne. Les décisions dont le leader prend la responsabilité, s'avèrent toujours réussies. Les échecs deviennent des tabous.

Le leader consensuel s'efface beaucoup plus derrière les membres de la direction générale. Il apparaît comme un coordinateur et un représentant du savoir-faire des autres. Personne ne se reconnaît en lui avant de se reconnaître dans l'entreprise. Les leaders consensuels sont rarement les fondateurs de l'entreprise, leurs noms sont très peu connus dans les médias et ils restent rarement présidents du groupe, après l'âge statutaire de la retraite. Par contre leur succession pose beaucoup moins de problèmes que celle des leaders charismatiques.

Une approche des styles de leadership consiste à examiner les composantes de la personnalité du leader : le narcissisme, la possession, la séduction et la sagesse. Aucun individu ne peut être réduit à une seule de ces composantes, mais son entourage ou l'extérieur, auront souvent tendance à le caractériser par l'une de ces variables. C'est qu'elle apparaîtra comme la principale.

Le narcisse se considère comme tout puissant, invulnérable et immortel. Il est souvent mégalomane et veut être aimé pour lui-même puisqu'il se considère comme la perfection humaine incarnée. Cela lui permet souvent de créer sa propre entreprise et de réaliser de grands projets en triomphant de ses adversaires. Lorsqu'il réussit, il est souvent incapable de se trouver des successeurs et ne peut être renversé qu'après une révolution de palais, tel le président Bourguiba en Tunisie en 1988 ou par des difficultés profondes le forçant à vendre son entreprise à un groupe plus important.

Le possessif est marqué par une très grande agressivité à posséder tous les objets de ses désirs. Il est souvent naturellement jaloux. Il ne tolère aucune résistance de la part de ses collaborateurs puisqu'il les considère comme tout objet qu'il possède. Il éliminera donc de son entourage les fortes personnalités qui pourraient lui résister. Il recherchera des collaborateurs obéissants et passifs. Cela ne l'empêchera pas d'amener son entreprise sur les voies de la croissance, de l'internationalisation ou de la diversification, mais il y jouera toujours un rôle personnel de premier plan. La capacité à déléguer n'est pas son fort.

Le séducteur se caractérise par une recherche permanente et rarement satisfaite pour accaparer l'attention et les désirs d'autrui en vue d'un échange d'amour toujours renouvelé. Il exercera une certaine fascination sur ses dirigeants qui l'aimeront réellement. Ce profil convient à certains chefs d'entreprise, en particulier ceux qui pratiquent souvent les médias, ils deviennent alors comme les stars chantant la musique de variété, des idoles, sortes d'oracles sur leur entreprise.

Le sage entraîne la bienveillance et le respect d'autrui. Son agressivité, au service de l'entreprise, sert à lutter contre les concurrents. Ses collaborateurs le considèrent comme un père ou une mère qui les protège les uns des autres et qui protège l'entreprise d'actions dangereuses de la concurrence. Il saura assurer sa succession et sera capable de travailler avec des collaborateurs ayant n'importe quel type de personnalité.

Quelle que soit la personnalité du leader, elle a une influence profonde sur l'identité de l'entreprise, sur ses collaborateurs immédiats et sur les employés qu'il ne rencontre jamais. Ces derniers le considèrent comme la référence – le père ou la mère – qui jugerait leurs actions si elle les voyait et les classerait dans la catégorie des « bons » ou des « mauvais ».

On vient de voir, avec l'approche psychanalytique ci-dessus, comment la personnalité du dirigeant influence son style de leadership et donc son mode de relation avec les membres de son équipe. Leurs personnalités doivent être complémentaires de celle du leader. La personnalité du « système de direction » (leader et collaborateurs immédiats) constitue l'un des fondements profonds de la culture d'entreprise.

C) *Les autres fondements profonds.* – Ils sont d'ordre économique, socioculturel et politique.

– Le fondement économique de l'identité de l'entreprise est constitué par les éléments stables de sa stratégie et les moments clés de l'histoire de ses transformations stratégiques. C'est ainsi que chez BSN, le changement de métier de l'entreprise qui est passée de l'industrie du verre à l'industrie alimentaire, fait partie de l'histoire que connaissent tous les membres du groupe, qu'ils aient connu ce changement ou qu'ils aient été engagés après et l'aient appris peu après leur recrutement. Cela donne l'idée d'une pérennité forte puisque le groupe est capable de changer de secteur et d'améliorer sa position. Le PDG qui a conduit ce changement en devient « génial ». Ce moment clé est donc l'élément fondateur d'un mythe. L'importance des gros actionnaires ou de l'autorité de tutelle est le second fondement économique profond de l'identité.

– Les fondements socioculturels proviennent de l'origine nationale des comportements entraînés par les valeurs religieuses et des facteurs socio-historiques. La provenance nationale est un élément important qui influence certaines caractéristiques de l'identité. Les entreprises japonaises, américaines, françaises et suisses sont toutes différentes les unes des autres sur certains points. Les américaines sont très influencées par une recherche ouverte du profit. Le cours en Bourse est un élément essentiel de la gestion stratégique, ce qui est rarement le cas dans les autres pays. Le darwinisme social à l'américaine considère la réussite individuelle comme étant due uniquement aux qualités personnelles et la valeur sociale d'un individu comme une fonction de son revenu. Les salaires des dirigeants y sont connus de tous. Ces caractéristiques nord-américaines s'expliquent en grande partie par le protestantisme qui valorise les objets et cache l'image de Dieu, à l'inverse du catholicisme qui n'autorise que l'image du Christ sur la croix et qui a longtemps interdit les prêts rémunérés considérés comme de l'usure.

Toutefois, les entreprises allemandes et suisses, dont les dirigeants partagent les mêmes valeurs religieuses, affichent moins leurs richesses puisqu'elles proviennent de pays ayant eu de très violents mouvements sociaux au début du XXe siècle. Les critères socio-historiques sont donc aussi importants que les critères religieux et nationaux pour expliquer certains éléments communs de l'identité des entreprises. On pourra également évoquer l'exemple des entreprises japonaises, très fortement influencées par les valeurs de la religion bouddhiste dans laquelle l'homme fait un court passage sur terre avant de se transformer en animal, ou autre être vivant, lors de ses six vies suivantes. Il est donc normal qu'il s'efface devant le groupe et s'y confonde surtout qu'il est personnellement responsable des erreurs qu'il peut faire dans sa vie et que celles-ci le suivront lors de ses six existences à venir. On comprend donc facilement qu'il se mobilisera volontiers au service du projet d'entreprise et qu'il travaillera bien au-delà du maximum légal. Une telle identité du personnel est certainement un atout concurrentiel majeur dans un environnement en changement rapide.

On voit bien les limites de cette explication si l'on regarde la position concurrentielle des entreprises provenant du Sri-Lanka, pays ayant le plus faible revenu par habitant au monde. En dehors de la minorité Tamoul, la plupart des Sri-Lankais sont bouddhistes. Si leurs entreprises n'ont rien de comparable avec les japonaises ou les entreprises des pays occidentaux, c'est que la cohésion sociale du Sri-Lanka a été brisée par l'imposition de structures économiques, politiques et juridiques amenées par le colonisateur britannique. Les qualités des travailleurs sri-lankais, très prisées dans l'hôtellerie et la restauration en Europe dans les années 1980, n'ont pu être mises au service du dynamisme de l'économie locale. Au Japon, par contre, les gouvernants ayant choisi le modernisme il y a plus d'un siècle, on sut se réapproprier la cohésion sociale issue de la période féodale japonaise qu'ils venaient de briser.

– Les fondements politiques de l'identité – qui se manifestent par l'image de la carte du pouvoir – tiennent essentiellement aux relations de pouvoir qui s'exercent au sein de l'entreprise. Ces relations dynamiques dont nous verrons les invariants dans la partie du dernier chapitre consacrée à la décision – sont souvent représentées sous la forme statique d'organigrammes, de descriptions de fonctions, de systèmes d'évaluation et de récompense, de gestion de carrières, de procédures de planification, de budget et de contrôle.

Nous examinerons ces systèmes dans la partie « structures » du prochain chapitre. Ils cristallisent des relations de pouvoirs existantes – c'est-à-dire l'influence réciproque des conduites des dirigeants – et cherchent à les orienter dans le sens des mouvements stratégiques souhaités.

2. **La focalisation de l'identité.** – Focaliser l'identité d'une entreprise, c'est créer un processus dynamique pour que toutes les aspirations de ses membres convergent vers un même objet qui porte leur enthousiasme.

L'identité de l'entreprise peut être focalisée sur son leader, sur son activité, ou sur le comportement de ses membres. Voyons comment chacune de ces possibilités de focalisation peut être utilisée au service des mouvements stratégiques nécessaires.

A) *La focalisation sur le leader.* – Les membres de la direction générale ainsi que les employés se reconnaissent dans l'image que donne le président à l'intérieur et à l'extérieur. Il est le fondateur ou celui qui, venu de l'intérieur ou de l'extérieur, a redressé l'entreprise à un moment critique. Quel que soit son style de leadership, ses collaborateurs sont prêts à le suivre. Si l'identité de l'entreprise est mal adaptée à un mouvement stratégique devenu nécessaire à cause de l'évolution du secteur ou de la concurrence, il pourra la modifier pour que ses collaborateurs veuillent bien changer d'activité ou de comportement. Dans un environnement fortement concurrentiel, un leader fort est un atout s'il est prêt à adapter la stratégie du groupe qu'il dirige. S'il est allergique aux changements, par contre, le risque de graves difficultés est très élevé. De même en cas de succession, il lui faudra la préparer suffisamment à l'avance en supposant qu'on ait affaire à un sage plutôt qu'à un narcisse et/ou un possessif.

B) *Focalisation sur l'activité.* – Dans beaucoup d'entreprises possédant des métiers très bien identifiables à l'extérieur : l'automobile, la banque, l'informatique par exemple, l'identité est souvent fortement focalisée sur cette activité et non pas sur le président. Les dirigeants et les cadres de l'entreprise se perçoivent comme des professionnels. Lorsque l'évolution sectorielle ou concurrentielle nécessite un rétrécissement de certains métiers et la création d'autres, les diversifications par exemple, le changement de l'identité sera assez délicat. C'est ainsi qu'il paraissait difficile de transformer l'identité des informaticiens d'IBM pour les faire entrer dans la micro-informatique. Leur légitimité était basée sur des procédés technologiques propres à cette entreprise et confidentiels, sur la fabrication interne de pratiquement tous les composants des équipements et sur un réseau d'ingénieurs commerciaux exclusifs, employés de l'entreprise qui assuraient la distribution de ses produits. L'analyse concurrentielle de la micro-informatique permet de voir que toute sa filière possède un type de légitimité opposé à celui de l'informatique : les composants peuvent être achetés à l'extérieur ; il est relativement facile de créer des machines compatibles avec celles d'IBM et les équipements sont vendus par un circuit de distribution public avec des grossistes et des magasins, presque comme de vulgaires légumes en boîte. Tous les éléments d'identité de cette nouvelle activité allaient donc dans le mauvais sens du poil des informaticiens. Au sein de la structure on a aménagé une division totalement indépendante avec des volontaires et de nouveaux venus prêts à se focaliser sur une identité que certains considéraient comme un peu « vulgaire ». Avec une définition du métier plus large – de l'informatique au traitement de l'information – une identité plus large que celle de l'informaticien a pu être créée.

C) *Focalisation sur le comportement.* – Le comportement des administrations ou des entreprises exerçant leurs activités dans des secteurs stables, est souvent caractérisé comme bureaucratique. Les actions de chacun sont définies et souvent emprisonnées par des règles précises qui permettent peu d'initiatives. La seule consiste à avoir l'œil rivé sur la pendule et à partir cinq minutes avant l'heure sauf s'il est nécessaire d'introduire sa carte dans la machine à pointer. Les changements ne peuvent être introduits que lentement, avec un très gros effort d'information, avec souvent la création de filiales dont le personnel n'a pas le même statut. À la suite de crises violentes, par contre, des ruptures brutales peuvent intervenir. À l'opposé, une focalisation sur la capacité des dirigeants et des employés à s'adapter rapidement à de nouvelles tâches et métiers – la flexibilité – permettra une plus grande flexibilité stratégique.

Pour mobiliser leurs collaborateurs, les entreprises recourent fréquemment au « projet d'entreprise ». Cette méthode que l'on peut exposer en cinq points, est essentiellement basée sur des éléments de l'identité. Examinons-les tour à tour :

- la volonté d'enracinement historique, l'un des fondements économiques de l'identité, amène certaines firmes à faire réécrire leur histoire ;
- la détermination d'un code de valeurs, l'une des quatre productions symboliques forme une partie de la culture de l'entreprise ;
- la définition d'un défi collectif, axe des mouvements stratégiques futurs, fait partie de la face « stratégie » du tétraèdre ;

– la détermination des règles du jeu est l'une des composantes des fondements politiques de l'identité ;
– la volonté de communiquer le projet à toute l'entreprise avec une forte participation de la direction générale utilise l'un des fondements politiques de l'identité.

La méthode du projet d'entreprise est moins efficace que celle de la focalisation de l'identité, plus globale et donc plus puissante.

3. **La cohérence de l'identité.** – Pour que l'identité soit cohérente, il faut que l'image externe soit un bon miroir de l'image interne. Dans le cas inverse, l'image externe va perturber la perception que les membres de l'entreprise ont d'eux-mêmes. S'ils se perçoivent comme faisant les produits ayant la meilleure qualité sur le marché et que leurs clients leur renvoient toujours ce qu'ils ont acheté pour des réparations plus fréquentes que pour les produits des concurrents, leur capacité à faire la sourde oreille ne pourra pas durer longtemps. Ils devront améliorer la qualité de leurs produits ou leur image interne se brisera. Pour les entreprises actives dans les secteurs non concurrentiels, ou pour les administrations, faire la sourde oreille est plus facile. Le service public est souvent là pour permettre d'effacer le mécontentement des clients au nom d'objectifs « supérieurs ».

L'image externe existe auprès de publics très différents : les actionnaires et les milieux financiers, les pouvoirs publics, les clients et fournisseurs, les étudiants – ingénieurs et gestionnaires – que l'on pourra recruter un jour, le grand public avec le passage obligé par les journalistes de la presse économique ou générale. L'entreprise devra leur communiquer le plus clairement possible les éléments majeurs de sa stratégie, certains éléments de son identité et de façon périodique, les éléments de la structure de son organisation, surtout lorsque des modifications de celle-ci viennent d'avoir lieu.

Chapitre II

STRUCTURE DE L'ENTREPRISE ET DÉCISIONS STRATÉGIQUES

Après avoir bien défini sa stratégie *ex post* et déterminé les modifications qu'elle souhaite y apporter dans le futur grâce à la démarche de l'analyse stratégique, puis en ayant bien saisi sa propre identité et les modifications qu'elle souhaite y apporter pour s'assurer des bonnes conditions de la réussite des mouvements stratégiques prévus, l'entreprise doit examiner ses structures pour s'assurer qu'elles sont cohérentes avec les nouveaux besoins de la stratégie et de l'identité. Si des insuffisances existent, il sera nécessaire de faire les modifications appropriées.

La grande entreprise doit faire face à des sous-environnements différents. La coordination de ses activités au service de la réussite de sa stratégie est complexe. Ceux qui ont la meilleure connaissance du terrain : clients, technologie, distribution, fournisseurs, n'ont pas le pouvoir d'allouer les ressources et *vice versa*. La direction générale a besoin de généralistes qui lui servent de relais au niveau opérationnel. Dans les PME, par contre, la formalisation des structures a moins d'importance.

La structure d'une organisation se définit d'abord

par son organigramme qui détermine les relations hiérarchiques et latérales et ensuite par la définition des fonctions de chacun. Celles-ci font l'objet d'une description de poste avec les tâches et missions à remplir, les objectifs quantitatifs ou qualitatifs à réaliser sur ces missions, les moyens disponibles, le défi principal de la fonction et les communications verticales et latérales ainsi qu'éventuellement la participation à certains comités. Mais la structure c'est avant tout un système d'action humain qui nécessite des mécanismes d'intégration : modes et contenu des transmissions de données, fixation des objectifs et évaluation des résultats, méthodes de résolution des conflits. Nous traiterons d'abord les différents types de structures en montrant leurs liens avec la stratégie, ensuite les facteurs autres que la stratégie qui influencent la structure et enfin, les deux variables qui déterminent son efficacité : la différenciation et l'intégration.

I. – Les structures

1. **Les différents types de structure.** – Nous examinerons successivement les structures solaire, fonctionnelle, divisionnelle, géographique et matricielle.

A) *La structure solaire.* – Le tableau 7 page suivante en donne une illustration graphique.

Elle correspond au premier stade d'évolution de l'entreprise : PME présente sur un seul segment stratégique et dirigée par le patron fondateur qui règne

Tableau 7. – **Structure solaire**

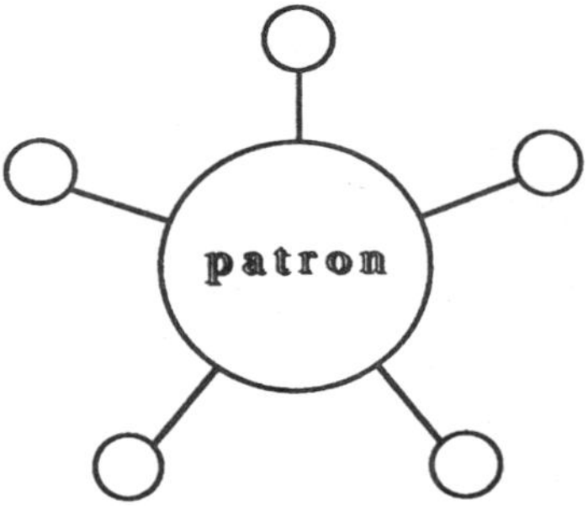

sur son entreprise tel le soleil sur ses sujets. Ceux-ci sont des employés chargés de tâches particulières : comptabilité, atelier, vendeurs ou secrétaire. Tous dépendent directement du patron, ils n'ont aucun lien entre eux et le seul centre stratégique est le patron qui gère souvent son entreprise – et les rapports avec ses employés – comme une partie de ses affaires personnelles.

B) *La structure fonctionnelle.* – Lorsque le segment stratégique sur lequel est situé la PME grandit, elle croît avec lui et passe de quelques dizaines d'employés à quelques centaines. Le patron ne peut pas avoir des rapports hiérarchiques directs avec tous ses subordonnés. Il doit créer des chefs de service qui dépendent de lui, mais qui sont chacun responsables d'un secteur comme le montre le tableau 8.

Tableau 8. – **Structure fonctionnelle**

Le directeur du service production est un centre de coût, le directeur du marketing et des ventes, un centre de revenus. L'entreprise est un centre de stratégie et de profit unique. Lorsque cette entreprise s'internationalise, elle est amenée à rajouter une direction export puis une direction internationale si elle établit des filiales à l'étranger. À cause de la croissance de ses activités, cette direction développe son propre état-major fonctionnel, ce qui crée une duplication des coûts. Avec l'accroissement des transferts de fonds, de produits, de technologie et d'hommes, des conflits se développent entre les fonctions du siège et la direction internationale. Si elle devient plus importante par son chiffre d'affaires et sa rentabilité que le siège, elle menace l'équilibre de l'organisation. Le PDG est alors amené à redistribuer les activités internationales aux directeurs fonctionnels comme l'illustre le tableau 9 ci-après.

L'entreprise emploie alors quelques milliers de personnes. Cette structure par fonctions internationales se trouve dans certaines entreprises japonaises puisque

Tableau 9. – **Structure avec directions internationales par fonction**

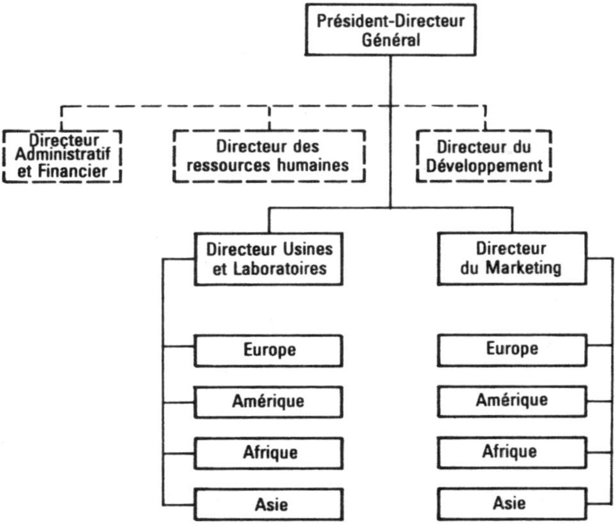

l'intégration[1] est effectuée principalement par la culture plutôt que par des mécanismes formalisés comme dans les entreprises occidentales. On retrouve ce type de structure dans certaines entreprises d'extraction de matières premières.

1. Voir § 3 ci-après pour une définition de ce concept qui saisit la capacité de communication et de coordination entre des cadres ayant des tâches différentes.

C) *La structure divisionnelle.* – Lorsque l'entreprise est présente dans plusieurs types de segments stratégiques ou domaines d'activité assez différents et susceptibles de faire l'objet d'allocations de ressources pour maîtriser des facteurs clés de succès qui leur sont spécifiques, elles créent des divisions opérationnelles indépendantes responsables de toutes leurs fonctions sur leurs segments comme le montre le tableau 10 ci-après.

Chaque division devient alors un centre de stratégie et de profit et son responsable doit être considéré par le président comme quelqu'un capable de diriger sa propre entreprise, même si l'allocation des ressources clés : investissements et cadres à haut potentiel, est coordonnée au niveau du groupe. L'entreprise emploie souvent plusieurs dizaines de milliers de personnes à ce stade.

L'évolution des structures, de celle en soleil à la structure fonctionnelle puis divisionnelle, correspond aux stades d'évolution de la stratégie de beaucoup d'entreprises américaines comme l'a montré Scott[1]. Les entreprises européennes n'ont pas eu le même développement de leurs structures puisqu'elles se sont souvent internationalisées avant de se diversifier, alors que leurs concurrentes américaines ont fait l'inverse[2]. Les européennes ont donc souvent adopté assez rapidement une structure par zones géographiques.

1. H. Scott, *Stages of Corporate Development : A Descriptive Model,* Harvard mimeo, février 1968.

2. Voir tableau de l'organisation comparée des structures des multinationales américaines et européennes réalisé par M. Ghertman dans H. de Bodinat *et al., Gestion internationale de l'entreprise,* Paris, Dalloz, 1984, p. 352.

Tableau 10. – **Structure avec directions internationales par produits**

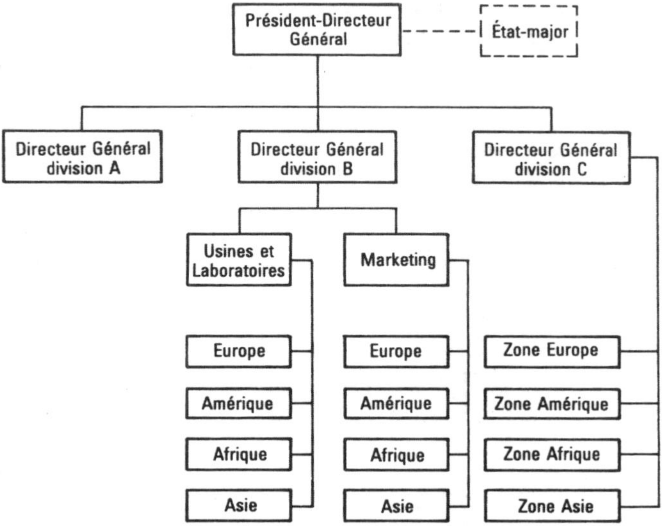

D) *La structure par zones géographiques.* – Les besoins d'adaptation des fonctions aux caractéristiques des environnements étrangers aboutissent souvent au développement de compétences et ressources propres à chaque fonction. Chacune développe ainsi son propre état-major pour être capable de faire face aux spécificités légales, culturelles ou financières d'un grand nombre de pays. Cela crée une duplication de compétences au sein du même groupe, ce qui accroît les frais de structure. En plus, chaque fonction peut développer des objectifs régionaux différents et souvent contradictoires. Le président est amené à arbitrer beaucoup trop souvent ce qui immobilise ses capacités stratégiques. Il est donc alors nécessaire de regrouper les différentes fonctions par zones géographiques sous l'autorité d'un directeur général de zone comme l'illustre le tableau 11 ci-après.

Il dirige toutes les activités de l'entreprise pour le groupe de pays dont il est responsable ; il devient un centre de stratégie et de profit régional et un chef d'entreprise au même titre que le directeur général de

Tableau 11. – **Structure par directions de zones géographiques**

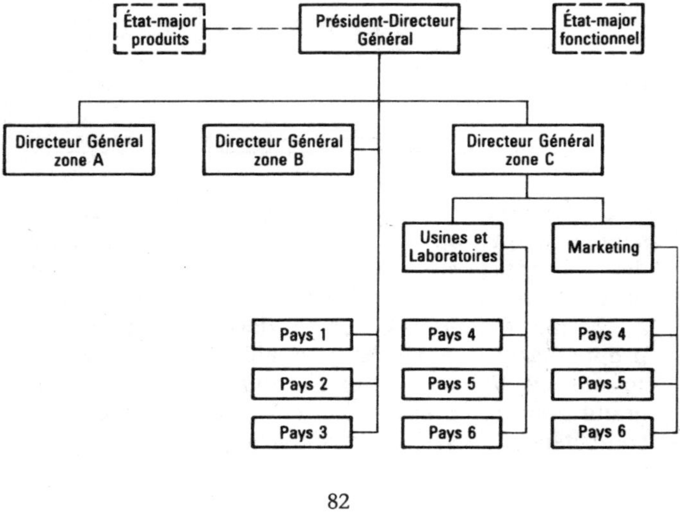

division de la structure du tableau 10. Air liquide et Dow Chemical, utilisent ce type de structure depuis une quinzaine d'années. Ces entreprises emploient plusieurs dizaines de milliers de personnes.

E) *Les structures matricielles.* – Lorsque l'entreprise est présente dans plusieurs domaines d'activité – elle devrait alors adopter une structure par division de produits – et dans plusieurs zones géographiques – elle devrait alors adopter une structure par zones géographiques – elle est amenée à croiser la compétence produits et la compétence zones en leur accordant une importance égale dans une structure de type matriciel illustrée par le tableau 12 ci-après.

Tableau 12. – **Structure matricielle**

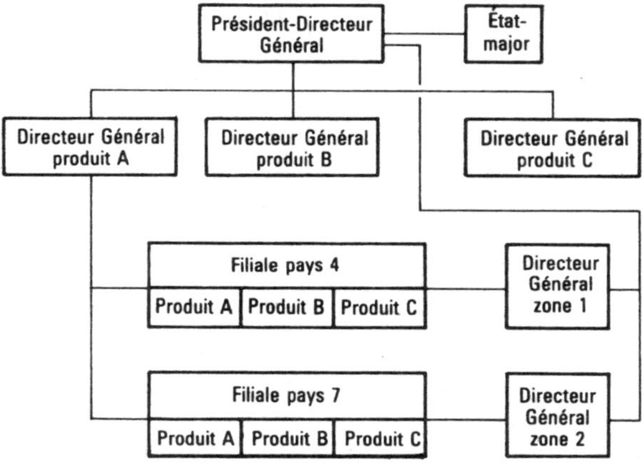

Chaque directeur général des divisions produits et zones est responsable d'un centre de stratégie et de profit. Ils ont des responsabilités croisées sur les mêmes sous-parties de l'organisation : les directions de chacune des filiales. Ils doivent donc se mettre d'accord sur les objectifs et les moyens lors des procédures budgétaires. On appelle ces directeurs généraux des « Directeurs matriciels » puisqu'ils commandent ensemble, avec des objectifs et préoccupations différents, les mêmes subordonnés appelés « Managers matriciels ». Les directeurs matriciels doivent savoir motiver leurs subordonnés pour qu'ils réalisent leurs objectifs sans que cela se fasse au détriment des objectifs des autres directeurs matriciels. Un certain charisme, de la diplomatie et une grande capacité à déléguer sont nécessaires. Les managers matriciels ont donc deux « patrons » au lieu d'un seul pour les managers dans les autres types de structures. Cela leur permet de créer leur propre espace stratégique en arrivant à trouver des solutions qui permettent de répondre aux objectifs parfois contraires des directeurs matriciels. Les premiers doivent très bien posséder leurs dossiers, avoir une capacité d'innovation et de négociation très élevée, une certaine diplomatie et une capacité à commander leurs propres collaborateurs qui ne font pas partie de la structure matricielle réservée aux échelons les plus élevés de l'organisation. C'est ainsi que dans une entreprise de 50 000 personnes, 500 managers seulement font partie de la structure matricielle, souvent représentée sous la forme d'un diamant[1]. Les autres travaillent dans une structure hiérarchique classique. Ce que l'on cherche à atteindre avec une structure matricielle, c'est la possibilité de faire coexister plusieurs points de vue, créer un consensus et une transparence des informations et enfin une fluidité des hommes.

Les cinq structures exposées ci-dessus ont été décrites comme des types idéaux. Dans la réalité peu d'entreprises les utilisent telles quelles. On voit souvent des structures mixtes, par exemple principalement par zones géographiques, mais avec une division séparée pour un produit particulier ou une structure par divisions de produits pour le pays de la maison mère et une division internationale responsable des activités de tous les produits à l'étranger.

2. **Les autres influences sur la structure.** – En définissant les cinq types de structures principalement utilisées par les entreprises, nous avons également établi un lien entre stratégie et structure puisqu'à chaque fois, nous déterminions le type de structure par rapport au type de stratégie à la façon de Chandler[2] chez qui la « structure suit la stratégie »[3]. Dans la réalité, la causalité se fait souvent dans les deux sens, entre ces deux faces du tétraèdre : si la structure doit s'adapter

1. Pour plus de détails sur les avantages et les inconvénients des structures matricielles, consulter : S. M. Davis et P. R. Laurence, *Matrix,* Adisson-Wesley, 1973.

2. A. D. Chandler, *Strategy and Structure,* NY, Doubleday et Co., Garden City, 1962.

3. Chandler, *op. cit.*, p. 16.

à la stratégie, cette dernière dépend également de la structure existante. Une entreprise qui souhaite se diversifier et possède une structure fonctionnelle ou par zones géographiques aura des difficultés pour y aboutir. Elle devra alors rechercher une solution au niveau d'une unité autonome.

Nous avons également effectué une relation entre taille et structure de l'entreprise puisque les stades de son développement impliquent un accroissement progressif de sa taille. Lorsque son activité croît sur un seul segment, qu'elle se développe dans plusieurs domaines d'activité – ou groupes de segments – ainsi qu'à l'étranger, le nombre d'employés peut augmenter de quelques dizaines d'unités à quelques dizaines de milliers. En dehors de la stratégie et de la taille, quatre autres influences peuvent s'exercer sur la structure de l'entreprise : la technologie, l'environnement, la culture et la préférence personnelle du président.

A) *La technologie.* – Elle concerne l'ensemble des processus de transformation de chacun des éléments de la chaîne de valeur de l'entreprise : recherche et développement, achats, production et marketing. Son cœur consiste donc en un savoir-faire qui utilise soit des méthodes de travail en particulier en management, soit des techniques – financières par exemple – soit des équipements tels des automatismes ou des machines alpha-numériques.

Deux variables influencent le formalisme et la centralisation des communications au sein d'une structure. D'abord, les composantes de l'activité : matières, équipements, clientèles ; plus elles sont complexes plus la structure aura un besoin de décentralisation et de rapports informels entre ses membres ; à l'inverse plus les composantes seront standard et pourront être traitées de façon répétitive, plus la structure pourra être formelle et centralisée. Ensuite, le mode de recherche des solutions techniques : plus il fera appel à l'innovation, plus il faudra une structure informelle et décentralisée. À l'inverse, en cas de recherche routinière, une structure formelle et centralisée sera de rigueur.

B) *L'environnement.* – L'environnement de l'entreprise se caractérise par sa complexité, qui dépend de l'hétérogénéité de ses domaines d'activité ; son incertitude, qui dépend du type de concurrence dans le secteur et de la menace des produits de substitution, et par le taux de croissance de son secteur. Plus l'incertitude, la complexité et la croissance seront fortes, plus l'entreprise aura besoin d'une structure souple ; dans le cas inverse, elle pourra se permettre les facilités d'une organisation bureaucratique.

C) *La culture.* – Elle a une influence souvent déterminante car elle agit sur les capacités d'intégration des hommes et des femmes qui y travaillent. Comme elles sont naturellement plus élevées dans la culture des Japonais que dans celle des Occidentaux, nous avons vu que les premiers pouvaient maintenir longtemps une structure fonctionnelle, même pour les besoins de leur internationalisation, alors que les entreprises occidentales ne peuvent pas faire l'économie d'un changement de structure. Elles doivent alors adopter une organisation par zones géographiques. Celle-ci requiert d'abord un changement coûteux comme tout type de transformation organisationnel. Il nécessite le choix et l'allocation de responsables à des postes nouveaux qu'il faut définir. Ensuite, il est nécessaire de trouver les dirigeants ayant les personnalités et le savoir-faire adéquat et de mettre en œuvre un programme important de formation des collaborateurs.

Ensuite, ces changements comportent les risques d'inadéquation de la nouvelle structure aux besoins de l'environnement et de l'incapacité des ressources humaines à accepter le changement, surtout lorsqu'il est fréquent. Dans l'exemple utilisé ci-dessus, la culture japonaise apporte à ses entreprises un avantage concurrentiel puisqu'elle leur permet de faire l'économie d'un changement ainsi que d'une structure plus coûteuse. En effet, dans une structure par zones, chaque état-major régional devra avoir à sa tête un dirigeant de très haut niveau. Il en faut en général trois ou quatre. Or deux suffisent le plus souvent pour les structures fonctionnelles. En plus les directeurs de zones sont responsables d'un centre de profit, ils ont donc besoin d'un état-major plus nombreux que leurs homologues fonctionnels.

D) *La préférence du président.* – Beaucoup d'éléments interviennent pour choisir et modifier la structure d'une entreprise : stratégie, taille, technologie, environnement et culture. Puisqu'ils sont chacun susceptibles d'intervenir de manière différente, il ne peut existér de norme en matière de choix et d'adaptation des structures. L'appel à une solution miracle provenant de la réussite remarquée d'un concurrent ou de la conclusion brillante d'une étude statistique est donc à exclure. Chaque entreprise représente une combinaison unique des nombreuses variables qui influencent ses structures. Sa réponse doit donc être personnelle. Le président peut donc faire jouer ses préférences. Un patron de PME très paternel préférera garder une structure solaire, alors qu'un autre à vocation plus managériale, choisira une structure fonctionnelle dans la même situation. L'identité de ces deux PME sera différente, leur stratégie aussi probablement. Toutes deux pourront très bien réussir.

Les changement fréquents de structure sont à éviter. Ils sont coûteux comme nous l'avons déjà souligné. En plus, ils entraînent souvent une démotivation des employés qui se demandent pendant combien de temps leurs supérieurs hiérarchiques vont rester en place et cherchent à en faire le moins possible pour ne pas déplaire au futur chef éventuel dont les préférences pourront aller à l'inverse de celles du précédent.

Des changements importants de responsabilité peuvent parfois être menés à bien sans modification profonde de la structure. Par exemple, il est possible de passer d'une structure matricielle à une structure par zones en modifiant la définition de fonction des directeurs du siège chargés des produits, celle des directeurs de filiales étrangères ainsi que les procédures de décision de nouveaux produits. Si l'accord des directeurs de produits est nécessaire avant d'effectuer un nouveau lancement, on a une structure matricielle à réaction lente : il faut un consensus entre les directeurs de filiales et le directeur des produits. Si ce dernier devient responsable d'une politique de qualité et ne peut qu'escalader auprès du directeur général en cas de désaccord, on a une structure par zones géographiques à réaction plus rapide et plus souple : le directeur de filiale devient seul responsable. En effet, bloquer la sortie d'un nouveau produit est moins risqué pour le directeur de produits dans l'ancienne structure que de demander un arbitrage au directeur général sur un sujet conflictuel dans la nouvelle.

3. **L'efficacité de la structure.**

A) *L'équilibre différenciation-intégration*[1]. – Pour permettre à la direction générale de disposer d'une organisation des ressources humaines mobilisées pour atteindre ses objectifs stratégiques, il faut que la structure permette, d'une part, une différenciation suffisante des tâches pour qu'elles puissent être réalisées sans interférence dommageable pour leurs propres objectifs et, d'autre part, une intégration adéquate entre ces tâches dans la direction globale voulue par le groupe.

La différenciation, c'est la capacité d'isoler les tâches et les responsabilités de chacun, selon des dimensions techniques, fonctionnelles, géographiques ou produits. Elle correspond aux besoins qu'ont les gens

1. Pour plus de détails, voir P. Lawrence et J. Lorsch, *Adapter les structures de l'entreprise,* Paris, Éd. d'Organisation, 1973.

d'être orientés vers un travail suffisamment bien défini pour qu'ils sachent ce qui fait partie de leurs responsabilités et de celles du voisin. Ainsi, ils ne disperseront pas leurs efforts et n'empêcheront pas les autres de faire leur travail. Il faudra donc définir les unités de fonctionnement à un niveau suffisamment fin pour qu'elles puissent faire face à un sous-environnement particulier. Avec l'internationalisation des entreprises, les deux dimensions les plus importantes de la différenciation sont le plus souvent le sous-environnement marchés (ou clients) auquel correspond une organisation par produits et le sous-environnement régional auquel correspond une organisation par pays agrégée en groupes de pays : les zones.

L'intégration entre le fonctionnement de ces unités est nécessaire pour qu'elles ne se laissent pas entraîner par des politiques uniquement adaptées à leur sous-environnement qui leur feraient développer à terme des stratégies incohérentes avec celles de l'entreprise ou du groupe dont elles font partie. L'intégration correspond au besoin de communication et de collaboration nécessaires entre plusieurs unités pour leur permettre d'atteindre les objectifs collectifs du groupe.

Le principal mécanisme d'intégration est la hiérarchie telle que nous l'avons décrite par les organigrammes et définitions de fonction au début de ce chapitre.

Le tableau 13 ci-après, intitulé « Le spectre des structures internationales » peut aider au choix d'une structure aboutissant à une intégration adéquate selon

Tableau 13. – **Le spectre des structures internationales**[1]

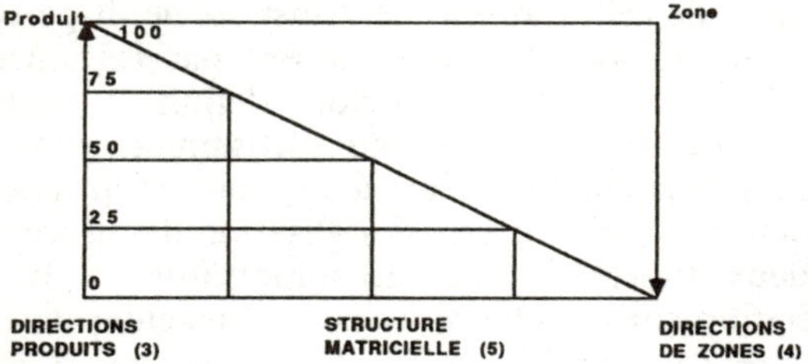

1. Repris et adapté d'un schéma par J. Galbraith et R. Kazanjian, *Strategy Implementation,* West Publishing Co., 2e éd., 1986, p. 159.

l'importance relative de la compétence « produit » et de la compétence « pays ».

La diagonale du tableau 13 permet de mesurer l'importance relative des deux compétences « produit » et « zone » nécessaires pour maîtriser les facteurs clés de succès (FCS) dans le jeu concurrentiel :

- tout à fait à gauche, la compétence produit représente 100 % des compétences nécessaires : le choix s'oriente aisément vers la structure par divisions de produits internationales ;
- tout à fait à droite du tableau, c'est la situation inverse : la compétence régionale est essentielle à 100 % : la structure par zone s'impose ;
- au milieu de la diagonale, l'importance respective des deux variables s'équilibre : 50 % pour chacune. La structure matricielle doit alors être envisagée ;

– à mi-chemin entre la structure par divisions de produits et la structure matricielle, la compétence « produit » représente 75 % des FCS, on maintiendra la structure par division de produits en rajoutant au niveau de l'état-major du groupe des coordinateurs par zones. De même, à mi-chemin entre structure matricielle et par zone, on gardera la structure par zone avec des coordinateurs par produits.

B) *Les autres intégrateurs.* – Les mécanismes intégrateurs sont nombreux. Ils correspondent à des tâches particulières de coordination sans responsabilité hiérarchique. La réussite de l'intégration dépend donc autant de l'adéquation de la fonction aux objectifs d'intégration que de la qualité de l'homme ou de la femme qui remplit cette fonction. Des réunions ou comités peuvent être également des lieux de communication et de coordination ; des procédures peuvent ainsi servir de méthode d'intégration. Nous examinerons ci-dessous certains de ces mécanismes.

Les membres du conseil d'administration, soit de la maison mère, soit des filiales, qu'elles soient nationales ou étrangères, jouent un rôle important d'intégration avec l'environnement local. Capables de percevoir les mutations en gestation dans le pays étranger, puisqu'il s'agit le plus souvent d'indigènes dirigeant leur propre groupe (banques, sociétés de service ou entreprises industrielles), les administrateurs des filiales n'hésitent pas à parler en toute indépendance au directeur de la filiale ou au président de la maison mère. Ils deviennent ainsi des « surcodeurs » qui facilitent la communication entre la maison mère et la filiale. Plus les sous-environnements nationaux seront différents, plus l'entreprise aura intérêt à utiliser des dirigeants extérieurs pour le conseil d'administration de ses filiales. Inversement, plus ses environnements seront semblables et plus les produits et technologies de l'entreprise seront standardisés dans ses différentes filiales, plus elle aura besoin d'administrateurs internes représentant les principaux savoir-faire dont les filiales ont besoin.

Le choix des dirigeants des différentes unités et leur rotation – maîtrisées par l'utilisation des tableaux de remplacement du groupe des dirigeants les plus importants – contribuent à l'intégration. Chaque nouveau venu apporte avec lui un savoir-faire en partie étranger à sa structure. Il lui fera partager, en acquerra un autre avant d'aller essaimer dans une nouvelle unité quelques années plus tard.

Les programmes de formation interne des entreprises sont un mécanisme d'intégration important puisqu'ils permettent de développer et d'harmoniser un langage et une culture communes ce qui renforce l'identité de ses participants. Il en va de même pour les réunions annuelles des directeurs pendant lesquelles les expériences les plus notoires – que la direction générale cherche à mettre en exergue pour qu'elles servent d'exemple aux autres – sont expliquées par ceux qui les ont menées à bien. Les échecs sont par contre passés sous silence, mais la mise à l'écart au siège ou le départ de certains des dirigeants servent *a contrario* d'exemples à ne pas suivre.

Les mécanismes de planification, de budget, de contrôle et d'audit sont également des intégrateurs puissants puisqu'ils nécessitent l'établissement de renseignements communicables à toutes les parties du groupe. Lors des réunions d'interface, il vaut mieux que se crée une compréhension acceptable entre des unités ayant des objectifs différents. Ces réunions, parfois mal ressenties par les filiales, peuvent au contraire être des moments de rencontre entre deux volontés et deux libertés : celles de la maison mère et de sa filiale qui doit convaincre comme si elle était en concurrence pour emporter un marché.

Les visites régulières du président, du directeur général, et des directeurs de division ou de zone, ainsi que les comptes rendus et la communication qui en est faite, sont également des mécanismes d'intégration privilégiés. Il en va de même pour les discussions et les décisions sur des projets exceptionnels. À un niveau moins élevé, les chefs de produits ou de projets, sans aucune responsabilité hiérarchique sur les moyens qu'ils utilisent dans la structure, mais avec des objectifs et un budget bien définis, qu'ils doivent respecter et sur lesquels ils sont jugés, font partie des intégrateurs utilisés depuis longtemps par les entreprises.

L'identité commune au groupe, comme nous l'avons souligné avec l'exemple sur les structures fonctionnelles utilisées par les Japonais, constitue certainement l'intégrateur le plus efficace et le moins onéreux une fois qu'elle existe. Par contre, sa création et son infléchissement nécessitent des moyens importants.

II. – Les décisions stratégiques

Stratégie, identité et structure existantes peuvent être analysées dans la perspective de changements stratégiques. Elles gardent toujours une partie commune avec leur état ancien. Les trois faces du tétraèdre gardent donc une certaine stabilité. La quatrième – la décision stratégique – est à chaque fois unique : chacun de ses mouvements fait bouger la totalité du tétraèdre dans son environnement concurrentiel. À chaque fois, l'enjeu est d'importance.

Nous examinerons d'abord les concepts qui saisissent les décisions stratégiques avec leur réalité multidimensionnelle, ensuite illustrerons ces concepts avec les prises de décision d'acquisition et de désinvestissement des multinationales et enfin nous examinerons les moyens d'améliorer les processus de décisions stratégiques.

1. **Une réalité multidimensionnelle.** – Nous traiterons quatre dimensions : la dimension rationnelle, l'administrative, la politique et la psychologique.

A) *La dimension rationnelle.* – Lorsque l'on appréhende la décision comme un processus rationnel, l'organisation est saisie comme une boîte noire, sans visage ni structure, comme un système définissant des objectifs, examinant des options et leurs conséquences en termes de rentabilité et de risque. Le choix est donc facile : il suffit de sélectionner l'option qui répond le mieux aux objectifs. La décision stratégique est donc comprise comme le choix rationnel d'une entreprise ou d'un gouvernement.

La boîte noire s'appelle l'entreprise, ou le ministère, ou le pays. Le problème à résoudre est bien défini, les objectifs stratégiques sont clairs. On examine toutes les options possibles. L'action qui s'ensuivra est donc la résultante des objectifs retenus. Il s'agit d'une démarche rationnelle. Elle est souvent présentée comme étant linéaire.

La démarche de l'analyse stratégique que nous avons présentée au début du chapitre II, bien qu'itérative, est un processus séduisant mais uniquement rationnel. La démarche financière de l'analyse et du choix des investissements est encore plus étroite que la démarche d'analyse stratégique. Dans la réalité de l'analyse empirique des processus de décision, on s'aperçoit que l'analyse des options fait ressortir que les objectifs ne sont jamais suffisamment clairs. L'analyse détaillée des options et de leurs conséquences amène le plus souvent à une précision ou à un déplacement des objectifs. Comme ces objectifs ne sont pas le produit d'un *Deus ex machina* mais des membres de la direction générale, il faudra bien leur faire part des besoins de modification des objectifs. Les spécialistes de l'analyse stratégique auront donc à négocier de façon intermittente la reformulation des objectifs avec la direction générale qui fait partie de leur hiérarchie. On entre donc directement dans l'analyse d'un processus politique.

B) *La dimension organisationnelle.* – Nous ferons le détour de l'organisation avant de parler de la dimension politique. Lorsque l'on analyse la décision comme un processus se déroulant dans une organisation, cette dernière est appréhendée comme un tout composé d'unités différentes, avec des objectifs, des politiques et des procédures standardisées pour chacune. Les unités ont chacune un leader, de force plus ou moins grande. La décision stratégique est alors le fruit de l'activité de chacune des unités : département ou division pour l'entreprise, ministère pour l'État. Les problèmes à résoudre sont divisés en sous-parties devant être traitées par des départements ou services ayant des sensibilités, des priorités et des pouvoirs différents. Ces unités ont leurs habitudes et leurs savoir-faire codifiés sous forme de livres, ou « bibles » de procédures préétablies, qui leur permettent de faire face aux incertitudes et déterminent leur mode de résolution des problèmes répétitifs. Le changement en est rendu difficile. Il peut être introduit par des programmes de formation progressifs et adéquats, ou par une crise qui réclamera des solutions organisationnelles. Les décisions de l'organisation ne peuvent correspondre qu'à la somme des savoir-faire de ces sous-parties. La direction générale, comme le président d'un pays, se sent parfois impuissante devant l'impossibilité des composantes de l'organisation à prendre en compte les changements de l'environnement. Ils devront alors la modifier, ce qui ne peut être fait que lentement et avec un risque certain.

C) *La dimension politique.* – Platon a défini la politique comme « l'art du gouvernement des hommes ». Par extension, nous utilisons l'expression « processus politique » pour saisir le gouvernement (ou la gestion) des hommes dans les organisations. La connotation péjorative du terme « politique » est donc exclue de notre propos. Deux versions du processus politique existent. La première, sur laquelle nous nous étendrons peu, perçoit l'organisation comme un système fait de coalitions changeantes. Les modifications du système sont dues à l'action de négociation entre les sous-systèmes qui le composent. Les acteurs (individuels ou collectifs) négocient avec d'autres acteurs pour produire les décisions. Celles-ci sont donc le fruit de compromis ou de victoires partielles des uns sur les autres. Ces théories utilisent les concepts de pouvoir et de négociation mais ont donné lieu à peu de travaux empiriques malgré leur intérêt pour la compréhension de la pratique des décisions stratégiques[1].

La deuxième approche a donné naissance au modèle itératif du processus politique[2]. Le modèle du processus itératif comporte deux dimensions. La première dimension décrit les phases du processus :

- la phase d'initiative dans laquelle un acteur propose le contenu d'un projet de façon à obtenir le premier sentiment ou les premières réactions de ses collègues et de sa hiérarchie ;

1. R. Neustatd, *Presidential Power, the Politics of Leadership*, New York, Wiley & Sons, 1960.
2. Ghertman, *op. cit.*, 1981.

- la phase de locomotive donne lieu à une impulsion marquée d'un acteur qui met en cause la réputation de son jugement en soutenant très fortement le contenu d'un projet de façon à ce qu'il soit accepté par l'organisation ;
- la phase de mise à l'épreuve pendant laquelle un autre acteur demande soit un examen supplémentaire du contenu du projet, soit donne un accord ou un refus sur le contenu du projet.

Chaque phase saisit donc la conduite d'un acteur qui cherche à influencer celle des autres et appelle une conduite en réponse de la part d'autres acteurs. Cette succession de phases peut se répéter un nombre indéfini de fois avant qu'un processus de décision aboutisse à son terme. Cette suite de phases et leur nature répétitive sont au centre du caractère itératif du modèle de prise de décision politique.

La deuxième dimension concerne les niveaux hiérarchiques. Les acteurs appartiennent à une organisation structurée selon des critères de responsabilités reliées en cascade. Les différentes phases ne sont donc pas le fait des mêmes niveaux d'acteurs. Le conseil d'administration, le PDG et le directeur général semblent être beaucoup plus les auteurs des phases de mise à l'épreuve que les niveaux inférieurs alors que les directeurs de division, de département, de zone géographique ou de pays, sont plus souvent les auteurs des phases d'initiative et de locomotive. Toutefois il est encore difficile d'aboutir à une conclusion certaine à ce sujet puisque la littérature empirique sur le modèle itératif en est encore à ses débuts.

Selon que la première phase d'initiative et de locomotive provient du niveau hiérarchique inférieur et que la phase de mise à l'épreuve provient du niveau supérieur, on parlera d'un modèle hiérarchique simple, donc d'un sens du flux décisionnel allant d'abord de bas en haut et ensuite de haut en bas. En faisant ainsi varier le sens du flux décisionnel, on peut aboutir à une typologie des processus itératifs[1]. Le processus est « simple avec initiative du président » si ce dernier prend une initiative avant un processus simple. Il est concurrentiel si le président met deux directeurs de division ou de département en concurrence sur un projet donné. Le processus est consensuel si chaque niveau hiérarchique peut conduire chacune des phases du processus lorsqu'il le souhaite et que l'approbation finale est donnée par tous les acteurs.

Le tableau 14 ci-après donne une représentation graphique du modèle hiérarchique simple.

Le processus politique se termine rarement après une seule série de phases initiative-locomotive-mise à l'épreuve. On appellera itération une telle série de phases. Un nombre d'itérations avoisinant la dizaine n'est pas inhabituel avant que le processus en arrive à son terme. Le nombre d'itérations donne une mesure de l'intensité de l'énergie utilisée par la direction générale lors de la prise de décision. Ce nombre peut servir

1. Ghertman, *op. cit.*, p. 174-184.

Tableau 14. – **Modèle du processus de décision d'acquisition à la Cofracis**[1]

Participants \ Phases du processus	Initiative locomotive	Mise à l'épreuve	Initiative locomotive	Mise à l'épreuve
Présidence		X		X
Administrateur et direction parisienne (²)				
Direction New York	X		X	

(N) itérations

1. Reproduit de M. Ghertman, *La prise de décision,* PUF, 1981, p. 229.

(²) Pour simplifier, nous n'avons pas inclus ces échelons de participants.

à comparer l'intensité du travail nécessaire au même type de décision (par ex. acquisition ou désinvestissement) produit par des filiales situées dans des pays différents ou effectuées lors d'années successives. De même, il sera ainsi possible d'avoir une mesure de l'énergie utilisée par la direction générale pour mener à bien des processus de décision stratégique de nature différente, telles acquisitions ou diversifications, par exemple.

D) *La dimension psychologique.* – Elle va plus loin que l'identification des individus dans un jeu politique, même à somme positive, puisqu'elle s'attache à la personnalité du leader et de ses collaborateurs. Nous mentionnons cette dimension pour mémoire car elle recoupe fortement les éléments de l'identité que nous avons déjà examinés à la fin du chapitre I.

Nous avons mis en évidence le caractère itératif de la démarche d'analyse stratégique et du processus politique. Il s'applique également aux dimensions organisationnelles et psychologiques. La décision peut donc être saisie comme un processus itératif composé de sous-processus suivant chacune des dimensions politiques, rationnelles, organisationnelles et psychologiques qui se déroulent en parallèle, sans qu'il y ait forcément concordance entre les phases des différentes dimensions. Le tableau 15 ci-après donne une illustration de ces quatre dimensions.

2. **Les décisions d'acquisitions et de désinvestissements au sein des multinationales.** – Nous examinerons successivement les résultats concernant des décisions antérieures puis postérieures à 1973.

A) *Les résultats concernant des décisions antérieures à 1973.*

Acquisitions : Pour huit processus de décision d'acquisitions aux États-Unis entre 1964 et 1972 d'une multinationale française déguisée sous le nom de Cofracis, le modèle hiérarchique simple a toujours été suivi : l'initiative et la plupart des phases de locomotive provenaient de la filiale et l'essentiel des phases de mise à l'épreuve provenaient du président de la mai-

Tableau 15. – **Les quatre dimensions des processus décisionnels**

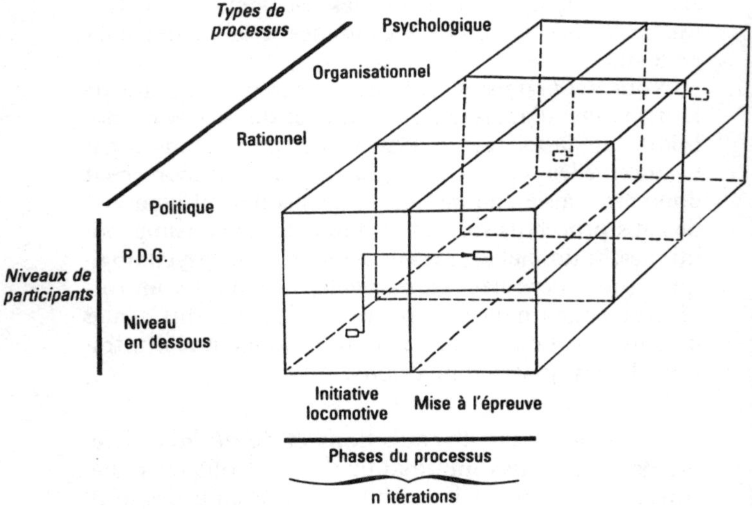

son mère et parfois du directeur de la division internationale et de quelques administrateurs. Le flux décisionnel était donc d'abord dirigé de bas en haut et ensuite de haut en bas[1].

Pour des décisions d'acquisitions en Israël par des entreprises américaines dont les dirigeants étaient d'origine israélite, le modèle hiérarchique avec initia-

1. M. Ghertman, *op. cit.,* 1981.

tive du président était suivi par les décideurs[1]. Le flux décisionnel allait d'abord de haut en bas : le président prenait l'initiative de créer un groupe de travail *ad hoc* auquel il donnait la responsabilité d'étudier des acquisitions dans ce pays. Ensuite, le flux décisionnel allait de bas en haut puisque les phases de locomotive étaient le fait des membres du groupe *ad hoc* et de leurs responsables hiérarchiques. Ensuite, le flux décisionnel allait de haut en bas puisque, comme à la Cofracis, les phases de mise à l'épreuve étaient administrées essentiellement par le président du groupe.

La différence entre les deux exemples ci-dessus est due principalement à ce que la filiale étrangère existait déjà dans le cas de l'entreprise française ; elle prenait donc l'initiative des acquisitions qui lui semblaient faire partie de ses responsabilités alors que dans les cas des entreprises américaines, la filiale étrangère n'existait pas. C'est donc l'existence ou la non-existence d'une unité responsable de l'objectif au sein de la multinationale qui semble *a priori* déterminer la pratique d'un processus hiérarchique simple ou hiérarchique avec initiative du président.

Désinvestissements : Les résultats des travaux de Gilmour (1973) et Torneden (1974) concluent à une rupture du système d'acteurs antérieur au processus de désinvestissement. Pour ces auteurs, le directeur de la filiale étrangère ou de la division ayant un problème majeur ou même le président du groupe est d'abord

1. Aharoni, *The Foreign Investment Decision Process,* Boston, Harvard Univ., 1966.

démis de ses fonctions et remplacé par un autre responsable. Le nouveau venu propose alors le désinvestissement qui est facilement accepté par ses supérieurs, une fois le changement d'acteurs effectué par « un acte d'autorité ». Cet acte est lui-même le résultat d'un processus dont les acteurs sont les supérieurs du directeur ou du président démis de ses fonctions. Dans la plupart des cas, ce dernier ne participe pas au processus de décision qui aboutit à sa démission.

Concernant les processus de décisions d'acquisition et de désinvestissement, un effet d'expérience important peut être noté. Les premières décisions d'acquisition à la Cofracis ont nécessité beaucoup plus de temps et d'effort de la direction générale de la maison mère et de la filiale que la deuxième acquisition ; les décisions suivantes ont été prises encore plus facilement avec moins de participants que lors des premières[1]. De même, pour les désinvestissements, le nombre de participants au processus diminuait en fonction du nombre de processus de décisions de désinvestissement auxquelles le directeur chargé de l'opération avait participé dans le passé.

L'environnement externe de l'entreprise, en particulier l'administration et les syndicats des pays d'accueil (ceux de la filiale), n'agissait pas directement sur le processus puisqu'il n'a pas été contacté pendant le déroulement du processus mais seulement une fois la décision prise[2]. Toutefois, cela n'exclut pas un rôle indi-

1. M. Ghertman, *op. cit.*, 1981.
2. Torneden, *op. cit.*, 1974.

rect de cet environnement puisque les acteurs de l'entreprise qui participent à la prise de décision peuvent très bien internaliser et anticiper les contraintes externes. En effet, ils partagent souvent les mêmes valeurs, même si cela n'est pas toujours le cas, en particulier pour les problèmes sociaux.

B) *Les résultats concernant les années postérieures à 1973.* – Une recherche récente[1] a permis d'observer des processus itératifs différents correspondant chacun à un type de décision particulier. À l'ICP (multinationale canadienne) il s'agissait d'une restructuration de portefeuille à l'échelle mondiale. À l'ICP (multinationale européenne), la fermeture d'usine concernait uniquement la filiale française. Chez HTC (multinationale américaine), l'investissement dans la nouvelle usine en France concernait la fourniture des nouveaux systèmes de communication pour le monde entier à l'exception des États-Unis et la fermeture de l'ancienne usine intéressait uniquement la filiale française.

Tous ces processus décisionnels ont été faits à froid, les acteurs prenaient leur temps. Aucune urgence ne préoccupait les membres de la maison mère ou de ses filiales. Toutes ces décisions, même si leurs acteurs pensent tous qu'il aurait mieux valu qu'elles soient prises plus tôt, laissent le souvenir de décisions réus-

1. M. Ghertman, Parent and subsidiary roles in investment and disinvestment decisions, *Journal of International Business Studies*, Spring, 1988, p. 47-67.

Tableau 16. – **Typologie des processus décisionnels selon les types de décisions stratégiques**

Type de décision	*Type de processus*
Restructuration de portefeuille d'activité (multinationale canadienne)	Hiérarchique simple au sein de la direction générale du groupe. Possibilité de quelques phases d'initiative et de locomotive du président. Filiale exclue du processus, surtout dans l'environnement boursier nord-américain.
Fermeture d'usine (multinationale européenne)	Hiérarchique simple, essentiellement au sein de la filiale. Utilisation passible de processus hiérarchique concurrentiel par le président de la filiale, surtout en cas de remise en cause d'une orientation précédente après un changement de directeur. Intervention tardive de la maison mère.
Restructuration des usines (multinationale américaine)	Hiérarchique simple pour la fermeture de l'usine, nécessite locomotive de la filiale. Mais la filiale peut retarder le processus tant que seuls les fonctionnels de le maison mèrea font pression pour le désinvestissement. Hiérarchique simple avec initiative du vice-président international (VPI) pour l'investissement dans la nouvelle usine. Le VPI contrôle la zone d'incertitude « relation avec la recherche-développement » inaccessible à la filiale.
Acquisitions (rappel des résultats d'avant 1973 à la Cofracis)	Hiérarchique simple avec initiative-locomotive de la filiale étrangère pour acquisitions dans un pays où une filiale existe déjà.
Liquidation « à chaud » d'une filiale multinationale française (confirme résultats de Gilmour et Torneden d'avant 1973)	Exigence / Demande } de démission À la surprise (relative) du directeur de la filiale, entraîne rupture du système d'acteurs et donc nouveau processus hiérarchique simple initié par le « pompier » envoyé sur place. Acceptation facile de la maison mère. Processus aboutissant à l'exigence de démission du directeur pouvant être hiérarchique simple ou avec initiative du niveau supérieur.

sies. Par contre, cette étude n'a pas permis d'analyser un processus de décision de liquidation à chaud d'une filiale après l'échec de tentatives répétées pour la redresser.

Il est possible de créer une typologie des processus analysés ci-dessus selon le type de décision stratégique dont ils font partie. Le tableau 16 ci-après présente cette typologie, en y incorporant une décision de liquidation « à chaud » d'une filiale.

Comme nous l'avons démontré ailleurs[1], ces résultats peuvent être généralisés. Dans les cas de restructuration de portefeuille d'activité, la filiale vendue ne participe pas au processus. En cas de fermeture d'usine, c'est la filiale qui prend l'initiative et convainc la maison mère.

3. **Le management de la décision.** – Nous examinerons trois moyens d'améliorer les processus décisionnels : la planification, les surcodeurs et l'audit décisionnel.

A) *La planification stratégique.* – La démarche de l'analyse stratégique permet de déterminer les éléments de la stratégie que l'on souhaite modifier dans l'avenir. Elle aboutit à un plan stratégique. Elle nécessite la participation d'un grand nombre des managers du groupe, à beaucoup de niveaux, au siège de la maison mère et à l'étranger. Elle requiert d'abord un calendrier pour la remise d'informations. Ensuite, il faut

1. M. Ghertman, *op. cit.*, 1988.

établir un calendrier des différentes réunions nécessaires pour discuter et décider des solutions à retenir pour l'avenir. Les participants, soit qu'ils fournissent de l'information, soit qu'ils la traitent de façon quantitative et surtout qualitative, sont identifiés dans les livres de procédures de planification, surtout dans les grands groupes. Le respect de ces procédures fait d'ailleurs souvent partie des rites dans l'organisation. Le plan modifie l'ancienne stratégie, photographiée *ex post* et la transforme en stratégie *ex ante.*

Si la décision stratégique et donc la nouvelle stratégie *ex post,* ne vont pas forcément dans le même sens que ceux prévus par la planification, il ne faudra pas s'en étonner outre mesure. Les différences entre processus de planification et de décision stratégiques sont importantes : les acteurs ne sont pas forcément les mêmes, leurs perspectives peuvent être très différentes et les deux processus n'ont pas lieu au même moment.

Le service de planification stratégique (ou « le service du plan ») détient la responsabilité de l'animation du processus de planification et de la rédaction du plan. La direction générale ainsi que les directions opérationnelles sont consultées par le service du plan pour l'élaboration de ce dernier. Ces acteurs ont alors un point de vue stratégique à long terme.

Le plan n'est pas non plus forcément concrétisé par une opportunité précise : investissement, acquisition ou désinvestissement dans un pays plutôt qu'un autre par exemple. Par contre, le processus de décision stratégique a toujours lieu en temps réel : une décision doit être prise ou son échéance repoussée. C'est le rôle des directeurs opérationnels et de la direction générale. Le service de la planification n'intervient plus. Les études et les plans qu'il a formulés auparavant peuvent être très utiles ou laissés de côté. Cela a peu d'importance, les acteurs de la décision stratégique ne se sentent pas et ne doivent pas se sentir engagés par les solutions dégagées avant l'action concrète. Le moment a changé : plusieurs mois ont pu s'écouler entre l'un et l'autre. En plus, la perspective stratégique peut être modifiée par la nature de l'opportunité. Dans l'exemple du rachat de l'activité française de pneumatiques de la multinationale britannique Dunlop par la japonaise Sumitomo, la présence d'un acheteur a permis de vendre l'activité stratégique sans difficulté en licenciant un minimum de personnel au lieu de fermer totalement les usines et de vendre les actifs. Le plan stratégique ne pouvait pas prévoir, guider ou être aussi précis que la décision stratégique.

La planification stratégique est donc utile pour aider la décision stratégique. Elle l'influence en la préparant, même si elle ne peut jamais être parfaite. Mais elle ne doit pas constituer un carcan.

La relation entre planification et décision stratégique au sein de la firme est très semblable à celle entre planification souple d'une économie de marché ou planification centralisatrice en URSS[1] et la réalité

1. E. Zaleski, *La planification stalinienne : croissance et fluctuations économiques en URSS, 1933-1952,* Economica, 1984.

des décisions économiques prises par les différents agents. La première est au service des secondes et ne préjuge pas de ses résultats.

Un « bon » ou un « mauvais » service de planification stratégique n'est donc pas celui qui prévoit au plus fin les décisions stratégiques mais un support à propos duquel les directeurs peuvent dire : il est très utile ou il ne l'est pas vraiment. Dans le dernier cas, son fonctionnement et ses rapports avec la direction générale et les directions opérationnelles devront être réexaminés.

Résumons maintenant l'intérêt de la planification stratégique. Elle sert d'abord à établir le plan stratégique qui peut être utile à tous. Elle est ensuite le point d'ancrage d'un discours rationnalisateur qui permet à l'entreprise de se présenter à elle-même et à son environnement comme étant bien dirigée, c'est-à-dire par des managers qui « pensent bien ». Elle est également un lieu de fécondation de ressources humaines de talent. On y trouve souvent de jeunes cadres à haut potentiel qui, en faisant les études et les prévisions, acquièrent une bonne connaissance des différents métiers de l'entreprise et de ses domaines d'activité ainsi que de la richesse des personnalités qui y exercent leurs talents. C'est souvent un lieu de passage important et formateur avant d'accéder à des postes de direction opérationnelle. Si le service de la planification fait bien son travail, il devient un instrument de communication privilégié entre les membres de la direction générale pour leur permettre de réfléchir à l'avenir en dehors des contraintes et des pressions des décisions stratégiques à prendre lorsque la pression concurrentielle s'exerce.

B) *Les surcodeurs.* – La perspective et le langage des responsables des segments stratégiques sont différents de ceux de la direction générale du groupe : le métier pour les premiers et le point de vue cohérence et synergie des métiers et des moyens financiers pour les seconds. L'intégration entre ces deux perspectives peut se faire par le niveau intermédiaire des directeurs de division, de département ou de filiales. Ils agissent alors comme agent de communication (donc de codage) pour traduire la perspective et le langage du niveau inférieur dans les termes du niveau supérieur, d'où leur nom de « surcodeurs »[1]. Le surcodage n'est pas l'apanage unique des directeurs de division. Il peut être le fait d'acteurs extérieurs à l'entreprise tels les avocats d'affaires ou les conseillers en management[2] ou internes à la firme : contrôleurs de gestion ou membres des conseils d'administration.

Dans le cas des acquisitions aux États-Unis effectuées entre 1962 et 1972 par une multinationale française déguisée sous le nom de Cofracis, certains administrateurs faisaient à la fois partie du conseil de la maison mère et de celui de la filiale nord-américaine. Lorsqu'ils devinrent les acteurs d'une phase de locomotive destinée au PDG du groupe et favorable au pro-

1. L. Sfez, *Critique de la décision,* Paris, Presses de la FNSP, 3e éd., 1981.

2. D. Quirici, Les « poissons pilotes » des multinationales, *Revue française de gestion,* novembre 1975, p. 85-96.

jet soutenu par la filiale, cette phase précéda de peu celle de mise à l'épreuve actionnée par le président pour approuver le projet. Au contraire leur tiédeur lors d'une phase de locomotive d'un processus précédent aboutit à un refus du président. Ces phases de locomotive des membres du conseil d'administration ayant agi à titre individuel de conseil du PDG et non comme organe collectif d'approbation de ses propositions, ont été précédées par des phases locomotives du directeur de la filiale qui leur étaient destinées et de phase de mise à l'épreuve que les membres du conseil dirigeaient vers la filiale.

Cette action en trois phases des surcodeurs, constitue le temps fort du processus décisionnel dans l'exemple ci-dessus : leurs interactions immédiatement antérieures avec le niveau inférieur, leur phase de locomotive destinée au PDG, et la phase de mise à l'épreuve (approbation) de ce dernier. Chaque processus de décision peut ainsi avoir un ou plusieurs temps forts.

C) *L'audit de la décision stratégique.* – La recommandation faite aux directeurs de préciser l'impact sur la stratégie générale du groupe d'une décision stratégique particulière en utilisant comme outil les résultats les plus récents de la planification stratégique élargira le champ du processus rationnel. Elle n'éclairera pas l'opacité des processus politiques. Elle ne permettra pas à la direction générale d'aboutir, si elle le souhaite, à une bonne transparence de la communication stratégique interne aux processus de décision. Elle ne pourra donc pas avoir un moyen de mesurer sa propre efficacité pour l'améliorer dans l'avenir.

L'audit ponctuel de la communication stratégique interne est un nouvel outil de management qui améliore la transparence sur les processus décisionnels et permet d'améliorer l'efficacité de la direction générale.

Grâce à des interviews approfondies avec les décideurs et une lecture complète de tous les dossiers sur un processus particulier, l'audit apporte d'abord un constat formalisé, sous forme de modèles itératifs, des communications entre les membres de l'équipe de direction. Tel un miroir, il lui renvoie une image de son fonctionnement qu'elle ne peut obtenir par elle-même. En particulier, l'audit donne le nombre d'itérations nécessaires à l'aboutissement du processus. C'est donc une mesure de sa propre énergie pour un processus qui est fournie à la direction générale.

L'analyse des temps forts des processus permet de mettre en lumière les éléments du contenu rationnel des projets qui ont dû être transformés pour que le processus puisse aboutir à son terme. Dans l'exemple précité de la Cofracis, c'était la taille du risque initial que le PDG du groupe voulait bien prendre pour des acquisitions aux États-Unis qui a nécessité neuf itérations, pendant près d'un an, donc une énergie considérable, avant d'être élucidée. Le processus a produit un refus par le PDG de la proposition de la filiale, mais a permis à celle-ci de progresser puisqu'elle savait qu'elle devait proposer des acquisitions de taille plus petite, même si la taille exacte ne pouvait être précisée. Le processus décisionnel suivant s'est terminé par un accord du PDG sur le projet de la filiale, d'une taille quatre fois inférieure à celle du projet précédent. Il a donc bien confirmé que la taille du risque initial, élément de la stratégie resté flou jusqu'alors, faisait partie de la stratégie nord-américaine de la firme. L'audit, effectué après que la Cofracis eut effectué quatre acquisitions successives aux États-Unis, a permis de mettre en valeur l'importance de cet élément de contenu pour les processus décisionnels antérieurs.

À la suite de cet audit, une nouvelle acquisition aux États-Unis a été étudiée par la Cofracis. Sa taille était considérable par rapport au chiffre d'affaires mondial du groupe. Son directeur général, ayant bien perçu l'importance des résultats de l'audit, demanda au président s'il était prêt à accepter une acquisition d'une telle importance. Ce dernier lui fit part de sentiments analogues à ceux qu'il avait eus lors des premières acquisitions : « Il ne faut pas risquer en une fois de mettre en danger l'acquis du groupe accumulé depuis son début. » Par contre, si le vendeur était prêt à trouver un autre acheteur pour une partie de ses activités et proposer le reste à la Cofracis, le président considérait que la taille du risque deviendrait alors acceptable. Des négociations eurent lieu avec le vendeur qui réussit à vendre deux divisions entières à une entreprise américaine avant de vendre les divisions restantes à la Cofracis. Son directeur général a donc bien su utiliser le résultat de l'audit pour augmenter considérablement l'efficacité du fonctionnement de l'équipe de direction. Au lieu de servir d'intermédiaire entre la filiale et le président pour les itérations successives et probablement nombreuses qui auraient pu être produites par des propositions d'acquisition de la totalité de l'entreprise américaine, il a pris le raccourci consistant à traiter au départ l'élément de la stratégie qui pouvait retarder ou bloquer le processus de décision d'acquisition.

L'audit permet aussi d'atteindre une très grande fiabilité pour apprécier les éléments humains et politiques qui sont primordiaux pour toute décision stratégique.

En plus de l'exemple de la Cofracis, l'audit de la communication stratégique interne a permis d'améliorer l'efficacité du fonctionnement de la direction générale dans les situations suivantes :

- l'audit d'une décision d'investissement antérieure dans une société rachetée par un groupe plus important a permis à ce dernier d'effectuer une réorganisation en douceur ;
- l'audit de tentatives avortées d'acquisitions à l'étranger a fait ressortir la nécessité de modifier la démarche stratégique de la filiale ;
- l'audit des procédures de planification, de budget et de revue des résultats de deux filiales en difficulté a permis l'élaboration et la réussite d'un plan de redressement de l'une d'elles et le désinvestissement progressif de l'autre ;
- l'audit des éléments de tableau de bord d'un groupe et de ses filiales a permis des simplifications importantes et une amélioration de la communication interne.

Des groupes importants, en particulier multinationaux, pourraient créer un service de l'audit de la communication stratégique interne. Cela aurait le mérite de mettre l'accent sur la préoccupation qu'a la direction générale de l'efficacité de son propre fonctionnement. En plus, la communication interne en serait améliorée. Si le service de la planification prenait ces audits à son compte, il pourrait mieux apprécier l'impact de ses études et recommandations. Il renforcerait encore son rôle de communication par rapport à son rôle d'étude.

CONCLUSION

En introduction, nous avons souligné les dimensions mondiales des industries et des échanges : concevoir une stratégie à l'échelle d'un seul pays, c'est prendre volontairement les risques d'échec maximum. Au sein de l'économie mondiale, les multinationales jouent un rôle prépondérant, non pas tant par leur importance relative dans l'économie des pays d'accueil, mais par leur rôle d'accélérateur de la concurrence, puisqu'elles la transplantent à l'échelle mondiale. De même, elles accélèrent les évolutions sociales et culturelles.

La technologie a été l'un des moteurs principaux des mutations passées. Elle sera au cœur des mutations futures. L'horizon de la fin du XXe siècle est assombri par des perspectives catastrophiques concernant la santé des populations de certains pays du Tiers Monde. C'est un défi lancé à la collaboration entre les entreprises, les pouvoirs publics de chacun des pays et les organisations internationales ainsi qu'aux chercheurs universitaires. Le XXIe siècle verra peut-être des mutations encore plus profondes que celles qui font l'objet des vues des futurologues. L'horizon de la stratégie des entreprises s'ouvre sur des mutations possibles de l'espèce humaine. Les risques politiques et religieux, deviennent particulièrement importants dans certains pays, surtout avec l'explosion de populations jeunes qui reçoivent au sein de leur pauvreté l'image télévisée de l'opulence occidentale sans que leurs chefs politiques puissent leur proposer de projet mobilisateur en dehors de l'intégrisme religieux et de la guerre sainte qui en fait partie.

Les jeunes générations de managers débutants ont nécessité un changement de point de vue de la part des dirigeants d'entreprises pour qu'ils puissent les mobiliser à leur service. Le taylorisme, même si la théorie est désavouée depuis longtemps, laisse encore des traces néfastes dans beaucoup de pays. Il faut les effacer complètement si les entreprises veulent mobiliser toutes leurs forces pour réussir à être concurrentielles, à fournir des produits et des services de qualité et à accroître leur flexibilité stratégique qui passe par la mobilisation des managers et de tous les employés. Ils doivent être gérés comme les actifs les plus précieux de l'entreprise.

Dans les chapitres I et II, nous avons présenté les quatre faces de la politique d'entreprise, ou management stratégique, représentées sous la forme d'un tétraèdre composé de l'analyse stratégique, de l'identité, des structures, et des décisions stratégiques. La dernière face joue un rôle particulier puisque c'est elle qui fait évoluer le tétraèdre dans son environnement stratégique en le faisant passer d'une position à une autre, comme s'il tournait sur lui-même dans un environnement qui évolue. La stratégie en est modifiée ainsi que certaines parties de l'identité et des structures. L'avantage de cette démarche, est d'être globale. Elle permet de traiter tout problème de direction de l'entreprise par l'une de ses quatre faces. En plus, elle permet de ne jamais oublier que toute face est reliée aux trois autres, organiquement, et qu'il faudra donc toujours analyser les conséquences des modifications envisagées sur une face avec celles nécessaires dans les autres. Les méthodes ainsi exposées forment le corps de la discipline du management stratégique de l'entreprise. Elle doit servir les dirigeants soucieux d'améliorer leur efficacité en utilisant les méthodes modernes mises ainsi à leur disposition. La discipline du management stratégique ne doit pas faire oublier que la direction d'une entreprise est un art et que les meilleurs artistes ont de la chance et du génie. Si la méthode et la discipline sont utiles aux génies, le management stratégique l'est encore plus aux grands dirigeants puisqu'ils s'en servent eux-mêmes ainsi que par l'intermédiaire de leurs collaborateurs.

L'art de diriger est habité par la liberté. Nous l'avons bien vu en examinant les quatre faces du tétraèdre. L'analyse stratégique incorpore des perceptions subjectives sur le jeu des cinq forces concurrentielles ou sur la position concurrentielle. Elle amène à faire des choix incertains, particulièrement au niveau de la segmentation stratégique qui joue un rôle considérable pour l'allocation des ressources. Les choix de structure sont influencés par tellement de variables – stratégie, taille, technologie, environnement, culture et préférence du président – qu'aucun dirigeant ne peut être certain que l'option retenue est vraiment la meilleure. L'identité de chaque entreprise, qui n'est pas toujours pleinement connue par ses dirigeants, peut être involontairement infléchie dans un sens opposé à celui souhaité pour leur stratégie. La décision stratégique – moteur principal du tétraèdre – subit des influences tellement variées qu'il est souvent difficile de prévoir à quoi va aboutir un processus décisionnel lorsqu'il débute. Les dirigeants du même groupe ont souvent des vues différentes sur les processus de décision qui viennent de se terminer et ils entreprennent rarement un effort pour réfléchir sur leurs pratiques passées – à la lumière d'un audit décisionnel – pour en améliorer l'efficacité dans l'avenir.

La liberté du choix des dirigeants est tellement présente dans toutes les faces du management stratégique qu'aucune méthode ne peut garantir la réussite. La liberté entraîne avec elle l'alternance de réussites et d'échecs. Les dirigeants peuvent se tromper : faillites et fusions-absorptions sont là pour le rappeler. La chance est souvent présente, que ce soit pour la réussite d'une nouvelle technologie, de l'accueil des clients ou de la réaction des concurrents. L'important est que les choix effectués mobilisent les dirigeants et leurs collaborateurs et permettent de maintenir la position concurrentielle.

L'art de diriger repose donc en très grande partie sur le management stratégique bien que ce dernier ne puisse apporter de garantie sans faille de succès. Diriger nécessite également trois compétences particulières. D'abord la capacité à sélectionner et développer des collaborateurs susceptibles de faire partie de la structure de direction générale, surtout à son niveau le plus élevé : directeurs généraux de division ou de zones. Ensuite, une facilité à saisir rapidement et de façon naturelle les mutations de l'environnement économique, politique, social et concurrentiel. Les visites et discussions avec des interlocuteurs variés à travers le monde : banquiers, assureurs, clients, fournisseurs, cadres et employés, hommes politiques, universitaires et consultants, mais aussi étudiants, chauffeurs de taxi, maîtres d'hôtel ou douaniers sont autant d'occasions d'obtenir de façon simple et directe des informations susceptibles d'enrichir, d'interpréter et de vérifier celles qui proviennent du sein de l'entreprise. La qualité du regard extérieur que le président est capable de braquer sur son propre groupe est souvent un facteur important pour son avenir. Enfin, lors des décisions stratégiques, la capacité à savoir attendre ou refuser les propositions de ses collaborateurs ou au contraire, à les accepter lorsqu'elles sont perçues comme étant mûres, permettra au groupe d'agir plus ou moins vite que ses principaux concurrents.

L'art de diriger est donc basé sur un savoir et un savoir-faire personnel adapté à un groupe et son équipe dirigeante. Ce savoir-faire tient autant à la personnalité du dirigeant qu'à l'expérience de direction qu'il aura pu avoir. Le bon sens et l'intuition – dont la qualité ne peut être évaluée qu'*a posteriori* – ont une grande place dans ce savoir-faire. La chance n'en est pas non plus absente. Bon sens, intuition et chance sont par nature des éléments de savoir-faire qu'il est impossible de communiquer sous forme de connaissance – le savoir – puisque aucun concept ou modèle n'a permis de les saisir. Le rôle de la recherche en management stratégique de l'entreprise est justement d'élargir les frontières de la connaissance pour pénétrer ces zones d'ombre que l'on nomme « intuition » ou « bon sens ». Beaucoup de concepts et méthodes expliquées avec le tétraèdre du management stratégique faisaient partie de ces zones d'ombre il y a encore dix ou vingt ans. Aujourd'hui encore, combien de dirigeants font-ils de la segmentation stratégique, comme M. Jourdain faisait de la prose : sans le savoir. Pourtant, elle apporte méthode et amélioration des chances de réussite.

Le management stratégique constitue pour les étudiants en gestion et en management, un passeport indispensable pour la direction générale. Il leur permet de saisir les préoccupations principales des dirigeants, leur langage et les méthodes de travail utilisées par leurs collaborateurs. Mais il ne donne pas la garantie d'arriver au terme du voyage : les embûches et les concurrents sont nombreux sur le parcours. Le savoir-faire personnel devient alors déterminant. Encore faut-il avoir un bon passeport.

TABLE DES MATIÈRES

Imprimé en France
par Vendôme Impressions
Groupe Landais
73, avenue Ronsard, 41100 Vendôme
Septembre 2006 — N° 53 241